IBS 교육방송

내·신·수·능·적·중

수학 2

이 책을 펴내면서

IPTV교육방송은 교육전문방송으로서 학교교육을 보완하고 국민 평생교육 담당이라는 사회적 책임과 의무를 다하기 위하여 부단한 노력을 기울여 오고 있습니다.

특히, 교육환경의 변화와 이에 따른 교육현장의 요구를 최대한 수용하여 학교 교육을 보충·심화할 수 있도록 다양한 교재와 프로그램을 새롭게 개발하고 있습니다.

이러한 노력의 일환으로 IPTV교육방송은 고등학교에서 연차적으로 실시되고 있는 개정 교육과정 및 교과도서를 철저히 분석하여, 방송교재와 프로그램에 충실히 반영함으로써 세분화·전문화된 교재와 방송 프로그램을 개발하고 있습니다.

또한, IPTV교육방송 홈페이지를 통해 언제 어디서나 손쉽게 볼 수 있도록 하여 학교나 가정에서 반복 학습이 가능하도록 하였습니다.

앞으로도, IPTV교육방송은 가정경제의 위기 속에, 날로 심각해지는 국민 사교육비 부담을 덜어주고 공교육의 정상화를 위한 다각적인 노력을 기울이며, 공영방송으로서의 새로운 비전을 제시할 수 있도록 최선을 다하겠습니다.

2014년 1월

c·o·n·t·e·n·t

I.
방정식과
부등식

분수방정식의 해법

(1) 양변에 분모의 최소공배수를 곱하여 정방정식으로 만든다.

(2) 만들어진 정방정식을 푼다.

(3) 정방정식의 근 중, 주어진 분수방정식의 분모를 0으로 하지 않는 것만을 주어진 방정식의 근으로 한다. 이 때, 분모가 0이 되는 근을 무연근이라 한다.

 Let's go further

01 $\begin{cases} f(x) = g(x) \Rightarrow f(x)h(x) = g(x)h(x) \\ f(x)h(x) = g(x)h(x) \not\Rightarrow f(x) = g(x) \end{cases}$

02 다음 방정식을 풀어라.

(1) $\dfrac{x^2 - 2x - 1}{3} = \dfrac{1}{x-2} - \dfrac{1}{x}$

(2) $\dfrac{4x-9}{x-3} - \dfrac{x-2}{x-5} = \dfrac{4x-25}{x-7} - \dfrac{x-6}{x-9}$

(3) $\dfrac{1}{x-1} + \dfrac{1}{x-3} + \dfrac{1}{x-7} + \dfrac{1}{x-9} = 0$

 **핵심예제 01**

$$\left\{ x \,\middle|\, \frac{1}{x-1} - \frac{a}{x+1} = \frac{3x}{x^2-1} \right\} = \varnothing \text{ 이 되는 상수 } a \text{의 개수는?}$$

 **핵심예제 02**

x에 대한 분수방정식 $\dfrac{1}{x} + \dfrac{a}{x+a} = 1$이 단 하나의 실근을 가지도록 실수 a의 값을 정할 때,

a의 값의 합을 구하면?

① $-\dfrac{1}{2}$ ② $-\dfrac{1}{4}$ ③ 0 ④ $\dfrac{1}{4}$ ⑤ $\dfrac{1}{2}$

 **핵심예제 03**

다음 분수방정식이 서로 다른 두 실근을 가질 때, 실수 a의 범위를 구하여라.

$$\frac{x}{x-1} + \frac{x}{x+1} = \frac{2x+a}{x^2-1}$$

 **핵심예제 04**

두 함수 $y=f(x), y=g(x)$ 의 그래프가 그림과 같을 때,

분수방정식 $\dfrac{f(x)}{g(x)} = 1$ 의 모든 근의 합은?

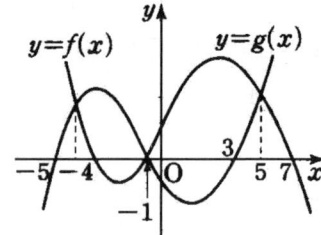

① -2 ② 1

③ 3 ④ 5 ⑤ 8

무리방정식의 해법

(1) 각 항을 적당히 이항하거나 변형한 다음 양변을 제곱하여 근호가 없는 정방정식으로 만든다.

(2) 얻어진 정방정식을 푼다.

(3) 정방정식의 근 중, 주어진 무리방정식을 만족하는 것만을 근으로 한다.

Let's go further

01 $\begin{cases} f(x) = g(x) \Rightarrow \{f(x)\}^2 = \{g(x)\}^2 \\ \{f(x)\}^2 = \{g(x)\}^2 \nRightarrow f(x) = g(x) \end{cases}$

02 다음 방정식을 풀어라.

(1) $\sqrt{x-3} = \sqrt{x^2-3}$

(2) $\sqrt{x^2+2} = \sqrt{2x^2+3}$

03 무리방정식의 근과 무연근의 그래프에서의 의미를 알아보자.

⑩ $\sqrt{x} = x-2$

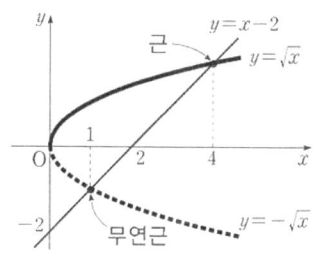

(1) 근 $x=4$의 의미

무리함수 $y=\sqrt{x}$와 일차함수 $y=x-2$의 그래프끼리의 교점의 x좌표

(2) 무연근 $x=1$의 의미

무리함수 $y=-\sqrt{x}$와 일차함수 $y=x-2$의 그래프끼리의 교점의 x좌표

 **핵심예제 01**

무리방정식 $\sqrt{x+5} - \sqrt{2x+3} = 1$의 해를 구하여라.

 **핵심예제 02**

무리방정식 $x^2 + 2x + \sqrt{x^2 + 2x - 2} = 4$의 두 근을 α, β라 할 때, $\alpha^2 + \beta^2$의 값은?

핵심예제 03

무리방정식 $\sqrt{2x-3}=x-3$의 실근을 α, 무연근을 β라 할 때, $\alpha-\beta$의 값은?

핵심예제 04

무리방정식 $\sqrt{x+11}=ax+b$의 실근이 5이고 무연근이 -2라고 한다. 곡선 $y=-\sqrt{x+11}$와 직선 $y=ax+b$의 교점의 좌표를 (p, q)라고 할 때, $a-b+p-q$의 값은?

① -3 ② -2 ③ 2 ④ 0 ⑤ 3

실근의 개수

방정식 $F(x, m) = 0$ (m은 미정계수)에서 실근의 개수 또는 범위를 구하는 문제는,

(1) $F(x, m) = 0 \;\rightarrow\; f(x) = g(x, m)$

(2) $f(x)$의 그래프를 그린다.

(3) m을 변화시키면서 $y = f(x)$와 $y = g(x, m)$과의 교점의 개수 또는 범위를 파악한다.

Let's go further

01

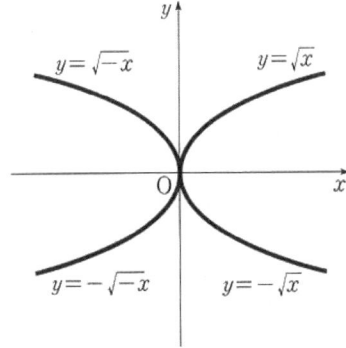
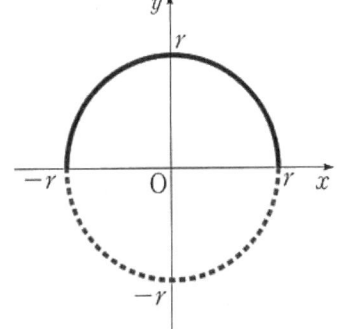

02 $y = \dfrac{1}{x-1} + \dfrac{1}{x-2} + \dfrac{1}{x-3}$

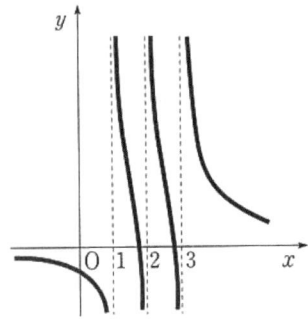

 **핵심예제 01**

다음 물음에 답하여라.

(1) 무리방정식 $\sqrt{x-3} = mx+1$이 실근을 가질 때, 실수 m의 최댓값과 최솟값의 합은?

(2) 무리방정식 $\sqrt{1-x^2} = 2x+a$가 실근을 가질 때, 실수 a의 최댓값과 최솟값의 합은?

 **핵심예제 02**

무리방정식 $\sqrt{1-x^2} = mx-2m+1$의 실근의 개수에 대한 설명으로 옳지 않은 것은?

① $m<0$이면 실근은 없다.

② $m=0$이면 실근은 1개이다.

③ $0<m\leq\dfrac{1}{3}$이면 서로 다른 실근은 2개이다.

④ $\dfrac{1}{3}<m\leq1$이면 실근은 1개이다.

⑤ $m>1$이면 서로 다른 실근은 2개이다.

 **핵심예제 03**

삼차함수 $y = f(x)$ 의 그래프가 오른쪽 그림과 같다.
이 때, 방정식 $2f(x) = 3 + \sqrt{f(x)}$ 의 서로 다른
실근의 개수는?

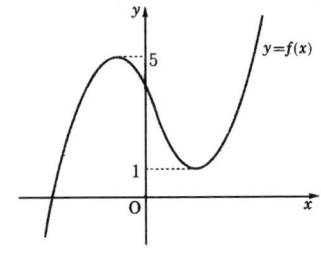

 **핵심예제 04**

방정식 $\dfrac{1}{x-1} + \dfrac{1}{x-2} + \dfrac{1}{x-3} + \dfrac{1}{x-4} = 0$ 의 실근의 개수는?

Lec.04 고차부등식에 관한 교과서 속 주개념

 고차부등식의 해법

(1) 모든 항을 좌변으로 이항하여
  $f(x) > 0$, $f(x) \geq 0$, $f(x) < 0$, $f(x) \leq 0$
  로 정리한다. 이 때, 최고차항의 계수는 양수가 되게 한다.

(2) 인수정리와 조립제법을 이용하여 인수분해 한다.

(3) $y = f(x)$ 의 그래프를 그린다.
  ① $f(x) > 0$, $f(x) \geq 0$ ⇨ $y = f(x)$ 의 위 부분의 x 범위
    (차례대로 열린구간, 닫힌구간)
  ② $f(x) < 0$, $f(x) \leq 0$ ⇨ $y = f(x)$ 의 아래 부분의 x 범위
    (차례대로 열린구간, 닫힌구간)

Let's go further

01 고차부등식에서 등호가 있을 때와 없을 때를 혼동하지 말고, 등호가 있든 없든 신경 쓰지 말고, 언제나 그래프를 그려서 풀면 정확하고 틀리지 않는다. 등호가 있으면 x축과 만나는 점을 포함시키면 되고(closed circle), 등호가 없으면 x축과 만나는 점을 포함시키지 않으면 된다.(open circle)

02 다음 각 고차함수의 그래프 개형은?

(1) $y = x(x-1)(x-3)$

(2) $y = x(x-2)^2$

(3) $y = (x-1)^3$

(4) $y = (x-1)(x^2+x+1)$

(5) $y = x(x-1)(x-2)(x-3)$

(6) $y = x(x-2)^2(x-3)$

(7) $y = x(x-1)^3$

(8) $y = (x-1)^4$

(9) $y = x(x-1)(x^2+x+1)$

(10) $y = (x-2)^2(x-3)^2$

(11) $y = x(x-1)(x-2)(x-3)(x-4)$

(12) $y = (x-1)(x-2)^2(x-3)^2$

 **핵심예제 01**

연립부등식 $\begin{cases} 2x^3 + 9x^2 + 9x \leq 0 \\ x^3 + 5x^2 + 8x + 4 \geq 0 \end{cases}$ 의 해를 구하면?

 **핵심예제 02**

삼차부등식 $x^3 - 6x^2 + ax - 6 < 0$ 의 해가 $x < 1, \, b < x < c$ 일 때, 실수 a, b, c 에 대하여 $a - b - c$ 의 값은?

 **핵심예제 03**

부등식 $(x+1)^2(x-2)(x-3) \leq 0$ 을 만족시키는 정수 x의 개수는?

 **핵심예제 04**

두 집합 $A = \{x \mid (x-1)(x-3)(x-5) \leq 0\}$, $B = \{x \mid x^2 + px + q < 0\}$에 대하여 다음이 성립할 때, 상수 p, q의 합은?

$A \cup B = \{x \mid x \leq 5\}$, $A \cap B = \{x \mid 3 \leq x < 4\}$

분수부등식의 해법

(1) 부등식의 우변을 모두 이항하여 다음과 같이 정리한다.

$$\frac{f(x)}{g(x)} > 0 \ , \ \frac{f(x)}{g(x)} < 0 \ , \ \frac{f(x)}{g(x)} \geq 0 \ , \ \frac{f(x)}{g(x)} \leq 0$$

(2) $(분모)^2$을 양변에 곱하여 정부등식으로 고쳐서 푼다.

(3) 분모$=0$인 근을 제외하고 범위를 찾는다.

 분수부등식의 동치변형

(1) $\dfrac{f(x)}{g(x)} > 0 \Leftrightarrow f(x)g(x) > 0$

(2) $\dfrac{f(x)}{g(x)} < 0 \Leftrightarrow f(x)g(x) < 0$

(3) $\dfrac{f(x)}{g(x)} \geq 0 \Leftrightarrow f(x)g(x) \geq 0 \ , \ g(x) \neq 0$

(4) $\dfrac{f(x)}{g(x)} \leq 0 \Leftrightarrow f(x)g(x) \leq 0 \ , \ g(x) \neq 0$

 Let's go further

01 $\dfrac{g(x)}{|f(x)|} < 0 \Leftrightarrow g(x) < 0, f(x) \neq 0$

02 $\dfrac{|g(x)|}{f(x)} < 0 \Leftrightarrow f(x) < 0, g(x) \neq 0$

03 $\dfrac{|g(x)|}{f(x)} \leq 0 \Leftrightarrow f(x) < 0$ 또는 $g(x) = 0$

핵심예제 01

다음 분수부등식을 풀어라.

(1) $\dfrac{4}{x+1} \geq 1 - \dfrac{2}{x-3}$

(2) $\dfrac{x^2+x+6}{x^2-x+1} < 2$

(3) $0 < \dfrac{3x}{x-1} \leq 2$

 핵심예제 02

부등식 $\dfrac{x(x-2)(x^2+2x+4)}{x^3+1} < 0$ 의 해를 구하면?

 **핵심예제 03**

x에 대한 부등식 $\dfrac{(x-2)^3(x-10)^5}{|x-5|} < 0$ 을 만족하는 모든 정수 x의 합을 구하시오.

 **핵심예제 04**

두 이차함수 $y=f(x)$, $y=g(x)$ 의 그래프가 그림과 같을 때,

분수부등식 $\dfrac{g(x)}{f(x)} \geq 0$ 의 해는?

① $2 \leq x < 5$

② $x \leq -1$ 또는 $2 \leq x \leq 3$ 또는 $x \geq 5$

③ $x < -1$ 또는 $2 \leq x < 3$ 또는 $x \geq 5$

④ $-1 < x \leq 2$ 또는 $3 < x \leq 5$

⑤ $-1 \leq x \leq 2$ 또는 $3 \leq x \leq 5$

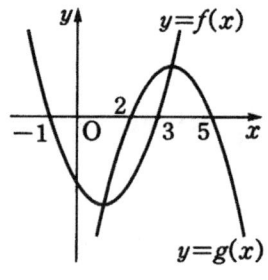

Let's go further

01 거속시

02 농도

03 헤론의 공식

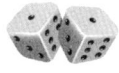 **핵심예제 01**

두 마을 A, B 사이의 거리는 8km 이다. 갑은 A 에서 B를 향하여, 을은 B에서 A를 향하여 동시에 출발하여 도중에 서로 만난 시간으로부터 갑은 20분 후에 B에 도착하고 을은 3시간 후에 A에 도착하였다. 갑과 을의 속력이 일정하다고 할 때, 갑과 을의 속력의 합은?

① 8km/시   ② 9km/시   ③ 10km/시   ④ 11km/시   ⑤ 12km/시

핵심예제 02

Jack과 Jill이 어떤 일을 같이 하면 Jack이 혼자할 때보다 18일 먼저 끝나고, Jill이 혼자 할 때보다 32일 먼저 끝난다고 한다. 이 때, 이 일을 Jill이 혼자 한다면 며칠 걸리는가?
(단, Jack과 Jill이 하루에 하는 일의 양은 일정하다.)

핵심예제 03

오른쪽 그림과 같이 가로 세로의 길이가 각각 12, 8인 직사각형 ABCD가 있다. 변 BC 위에 한 점 P를 잡아 $\overline{AP}+\overline{PD}=20$이 되도록 할 때,
선분 BP의 길이를 구하면?

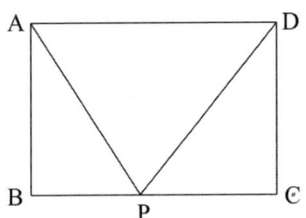

 **핵심예제 04**

삼각형 ABC에서 $\overline{AB} = 13, \overline{BC} = 14, \overline{CA} = 15$ 이고, $\overline{AH} \perp \overline{BC}$일 때, 선분 AH의 길이를 구하여라.

 **핵심예제 05**

농도가 5%인 소금물 200g이 있다. 이 소금물을 가열하여 소금물의 농도를 10% 이상이 되게 하려면 최소한 물을 몇 g 이상 증발시켜야 하는가?

 **핵심예제 06**

농도 5%의 소금물 400g에 농도 2%의 소금물을 섞어 농도 3% 이상 4% 이하의 소금물을 만들려
고 한다. 이 때, 농도 2%의 소금물을 얼마나 넣어야 하는지 구하시오.

핵심예제 07

출발점에서 도착점까지의 거리를 3등분하여 각 구간을 사이클, 경보, 달리기의 순서로 진행하는
경기가 있다. 사이클과 경보 구간의 평균 속력이 각각 시속 30km, 시속 9km인 선수가 있다. 이
선수의 전체 구간의 평균 속력이 시속 15km 이상이 되기 위한 달리기 구간의 평균 속력의 최솟값이
시속 $a$km일 때, 상수 a의 값을 구하시오.

 **핵심예제 08**

한붓쌤은 10km 단축마라톤대회에 참가하기 위하여 연습을 하고 있다. 처음 4km 구간의 평균속력을 남은 6km 구간의 평균속력보다 시속 3km 만큼 빠르게 하여 10km를 1시간 이내에 달리려고 한다. 처음 4km 구간의 평균속력을 시속 $x$km라고 할 때, x의 최솟값을 구하시오.

 **핵심예제 09**

강 건너편에 다섯 그루의 나무가 50 m 간격으로 일직선 도로가에 나란히 서 있다. 그림에서와 같이 첫 번째 나무는 다리 중앙을 통해 정면으로 바라볼 수 있고, 두 번째 나무에서 세 번째 나무를 바라본 각과 세 번째 나무에서 다섯 번째 나무를 바라본 각의 크기가 같다고 할 때, 측량점에서 첫 번째 나무까지의 거리를 구하면?

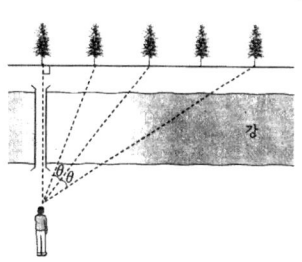

① 75m   ② 90m   ③ 100m   ④ 110m   ⑤ 120m

Ⅱ.
삼각함수

Lec.07 원 속에 숨어있는 함수에 관한 교과서 속 주개념

삼각함수의 상호관계

(1) 역수 관계

$$\frac{1}{\sin\theta} = \csc\theta, \quad \frac{1}{\cos\theta} = \sec\theta, \quad \frac{1}{\tan\theta} = \cot\theta$$

(2) 상제 관계

$$\tan\theta = \frac{\sin\theta}{\cos\theta}, \quad \cot\theta = \frac{\cos\theta}{\sin\theta}$$

(3) 제곱 관계

$$\sin^2\theta + \cos^2\theta = 1, \quad 1 + \tan^2\theta = \sec^2\theta, \quad 1 + \cot^2\theta = \csc^2\theta$$

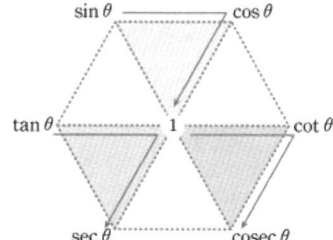

Let's go further

01

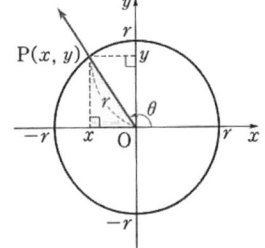

θ의 사분면	x	y	기울기
제 1사분면	+	+	+
제 2사분면	−	+	−
제 3사분면	−	−	+
제 4사분면	+	−	−

02

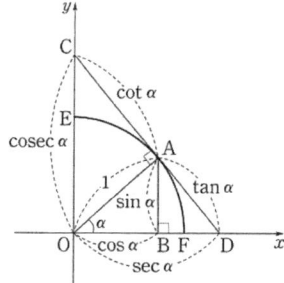

03

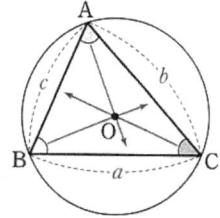 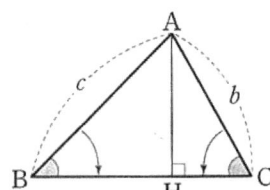 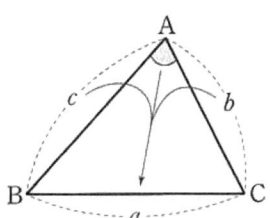

핵심예제 01

θ가 제 2사분면의 각이고 $\tan\theta = -\dfrac{4}{3}$일 때, $\dfrac{3+6\sec\theta}{2+4\operatorname{cosec}\theta}$의 값은?

① $-\dfrac{4}{3}$　　② $-\dfrac{1}{3}$　　③ -1　　④ $\dfrac{1}{3}$　　⑤ 1

핵심예제 02

그림과 같은 단위원 위의 점 B에서의 접선과 반직선 OC의 교점을 E, 점 C에서 x축에 내린 수선의 발을 D라 할 때, 다음 중 옳은 것만을 있는 대로 고른 것은?

ㄱ. $\tan\theta = \overline{BE}$	ㄴ. $\operatorname{cosec}\theta = \dfrac{1}{\overline{BE}}$
ㄷ. $\sec\theta = \overline{OE}$	ㄹ. $\cot\theta = \overline{CD}$

① ㄱ, ㄴ　　② ㄱ, ㄷ　　③ ㄴ, ㄷ　　④ ㄴ, ㄹ　　⑤ ㄷ, ㄹ

핵심예제 03

다음 삼각함수 사이의 관계 중 옳은 것만을 있는 대로 고른 것은?

> ㄱ. $\tan\theta + \cot\theta = \dfrac{1}{\cos\theta\sin\theta}$
>
> ㄴ. $(1+\cot\theta)^2 + (1-\cot\theta)^2 = 2\sec^2\theta$
>
> ㄷ. $\dfrac{\cos\theta}{1+\sin\theta} + \dfrac{1+\sin\theta}{\cos\theta} = 2\sec\theta$

① ㄱ   ② ㄱ, ㄴ   ③ ㄱ, ㄷ   ④ ㄴ, ㄷ   ⑤ ㄱ, ㄴ, ㄷ

 핵심예제 04

오른쪽 그림과 같이 사분원 $x^2+y^2=1\ (x\geq 0,\ y\geq 0)$ 위의 한 점 A에서 x축에 내린 수선의 발을 B, 점 A에서의 접선이 x축, y축과 만나는 점을 각각 C, D라 하고, $\angle \mathrm{AOC}=\theta$라 하자. 다음 중에서 옳은 것만을 있는 대로 고른 것은? (단, O는 원점이다.)

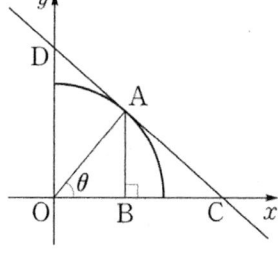

> ㄱ. $\mathrm{cosec}\,\theta = \overline{\mathrm{OD}}$ ㄴ. $\sec\theta = \overline{\mathrm{OC}}$ ㄷ. $\cot\theta = \overline{\mathrm{AD}}$

① ㄱ   ② ㄷ   ③ ㄱ, ㄴ   ④ ㄴ, ㄷ   ⑤ ㄱ, ㄴ, ㄷ

사인과 코사인의 덧셈정리

(1) $\sin(\alpha + \beta) = \sin\alpha\cos\beta + \cos\alpha\sin\beta$

(2) $\sin(\alpha - \beta) = \sin\alpha\cos\beta - \cos\alpha\sin\beta$

(3) $\cos(\alpha + \beta) = \cos\alpha\cos\beta - \sin\alpha\sin\beta$

(4) $\cos(\alpha - \beta) = \cos\alpha\cos\beta + \sin\alpha\sin\beta$

 Let's go further

01

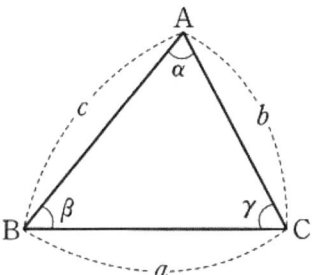

02

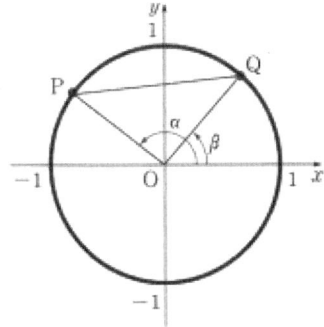

 **핵심예제 01**

$\sin(x-y)\cos y + \cos(x-y)\sin y$ 를 간단히 하면?

① 1 ② $\sin x$ ③ $\cos x$ ④ $\sin x \cos 2y$ ⑤ $\cos x \cos 2y$

 **핵심예제 02**

$\cot 10^\circ + \tan 5^\circ$ 의 값은?

① $\cosec 5^\circ$ ② $\cosec 10^\circ$ ③ $\sec 5^\circ$ ④ $\sec 10^\circ$ ⑤ $\sin 15^\circ$

 **핵심예제 03**

$\sin\alpha = \dfrac{13}{14}, \sin\beta = \dfrac{11}{14}$ 일 때, $\alpha+\beta$의 값을 구하면? (단, α, β 는 모두 예각)

 **핵심예제 04**

$\sin\alpha = \dfrac{2}{3}\left(0 < \alpha < \dfrac{\pi}{2}\right)$, $\cos\beta = \dfrac{1}{2}\left(0 < \beta < \dfrac{\pi}{2}\right)$이고 $\sin(\alpha+\beta)$, $\sin(\alpha-\beta)$를 두 근으로 하는 이차방정식이 $x^2 + \dfrac{a}{3}x + \dfrac{b}{36} = 0$일 때, 상수 a, b의 곱 ab의 값은?

① 18　　　② 19　　　③ 20　　　④ 21　　　⑤ 22

탄젠트의 덧셈정리

(1) $\tan(\alpha+\beta) = \dfrac{\tan\alpha+\tan\beta}{1-\tan\alpha\tan\beta}$

(2) $\tan(\alpha-\beta) = \dfrac{\tan\alpha-\tan\beta}{1+\tan\alpha\tan\beta}$

 Let's go further

01

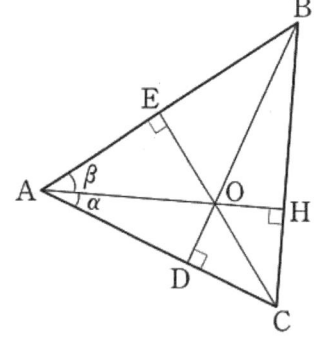

02

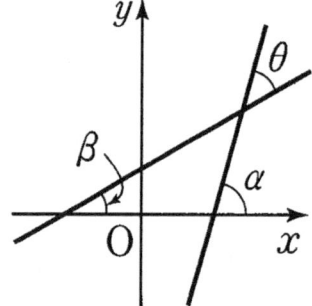

 **핵심예제 01**

$\tan\alpha = \dfrac{1}{2}$, $\tan\beta = \dfrac{1}{5}$, $\tan\gamma = \dfrac{1}{8}$일 때, $\alpha + \beta + \gamma$의 값을 구하여라.

단, α, β, γ 는 모두 예각이다.

 **핵심예제 02**

그림과 같이 높이가 10.5 m인 받침대 위에 높이가 16 m인 불상이 놓여 있다. 한붓이가 카메라로 불상 전체를 촬영하기 위하여 받침대로부터 점점 멀어져 가면서 카메라를 통하여 불상을 보고 있다. 한붓이가 카메라를 통하여 불상을 촬영할 수 있는 각, 즉 불상의 발끝에서 머리끝까지를 쳐다보는 각의 크기가 최대가 될 때, 한붓이는 받침대 바로 밑에서부터 얼마만큼 떨어져 있는 곳에 있는가? (단, 한붓이의 눈높이는 1.5 m 이다.)

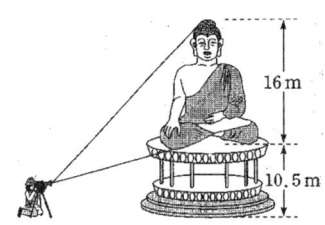

 **핵심예제 03**

좌표평면 위의 두 직선 $y = 3x - 2$와 $y = \dfrac{1}{2}x + 2$가 이루는 예각의 크기를 구하여라.

 **핵심예제 04**

두 직선 $2x + 3y - 1 = 0, x + y - 3 = 0$ 이 이루는 둔각의 크기를 θ라 할 때, $\sin\theta$의 값을 구하여라.

삼각함수의 합성

(1) 사인합성

  ① 우선, $a\sin\theta + b\cos\theta$의 꼴로 만들고, 점 $(a,\ b)$를 좌표평면에 나타낸 다음, 원점과 연결한 선분이 x축의 양의 방향과 이루는 각 α를 구한다.

  ② 선분의 길이($\sqrt{a^2 + b^2}$)를 구하여 $\sqrt{a^2+b^2}\sin(\theta+\alpha)$의 형태로 나타낸다.

  ③ 각 α가 특수각($30°, 45°$의 정수배의 각)이 아니면

$$\begin{cases} \cos\alpha = \dfrac{a}{\sqrt{a^2+b^2}} \\ \sin\alpha = \dfrac{b}{\sqrt{a^2+b^2}} \end{cases}$$ 라는 단서를 붙인다.

(2) 코사인합성

  ① 우선, $b\cos\theta + a\sin\theta$의 꼴로 만들고, 점 $(b,\ a)$를 좌표평면에 나타낸 다음, 원점과 연결한 선분이 x축의 양의 방향과 이루는 각 β를 구한다.

  ② 선분의 길이($\sqrt{a^2 + b^2}$)를 구하여 $\sqrt{a^2+b^2}\cos(\theta-\beta)$의 형태로 나타낸다. 이 때, 사인합성의 경우와 달리 각이 $\theta - \beta$로 합성됨에 주목한다.

  ③ 각 β가 특수각이 아니면 $\begin{cases} \cos\beta = \dfrac{b}{\sqrt{a^2+b^2}} \\ \sin\beta = \dfrac{a}{\sqrt{a^2+b^2}} \end{cases}$ 라는 단서를 붙인다.

 Let's go further

01

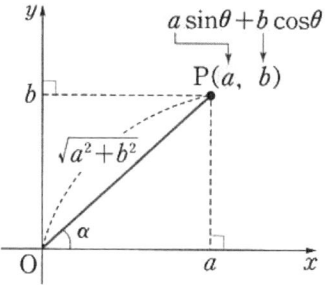

02

 **핵심예제 01**

함수 $y = \sqrt{3}\sin x - 3\cos x$ 의 주기를 a, 최댓값을 b, 최솟값을 c라 할 때, abc의 값은?

 **핵심예제 02**

$y = 2\sqrt{3}\sin\left(x + \dfrac{\pi}{6}\right) - 4\sin x$ 의 최댓값과 최솟값을 구하여라.

 **핵심예제 03**

함수 $f(x) = 4\sin x + 3\cos x$ 가 $x = \theta$에서 최댓값을 가질 때, $3\tan\theta$의 값은? (단, $0 \leq x < 2\pi$)

  핵심예제 04

오른쪽 그림과 같이 반지름의 길이가 1인 반원 위의 임의의 점 P에서 $\angle \mathrm{PAB} = \theta$라 한다. $\overline{\mathrm{AP}} + \overline{\mathrm{BP}} = a\sin(\theta + b)$일 때, $a^2 b$의 값은? (단, $0 \leq b \leq 2\pi$)

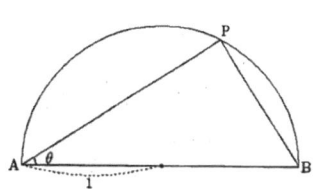

① $\dfrac{\pi}{2}$ ② π ③ 2π ④ π^2 ⑤ $2\pi^2$

배각과 반각의 공식

(1) 배각의 공식

① $\sin 2\theta = 2\sin\theta\cos\theta$

② $\cos 2\theta = \cos^2\theta - \sin^2\theta = 2\cos^2\theta - 1 = 1 - 2\sin^2\theta$

③ $\tan 2\theta = \dfrac{2\tan\theta}{1 - \tan^2\theta}$

(2) 반각의 공식

① $\sin^2\dfrac{\theta}{2} = \dfrac{1 - \cos\theta}{2}$

② $\cos^2\dfrac{\theta}{2} = \dfrac{1 + \cos\theta}{2}$

③ $\tan^2\dfrac{\theta}{2} = \dfrac{1 - \cos\theta}{1 + \cos\theta}$

 ### Let's go further

01 $\sin 2\alpha = 2\sin\alpha\cos\alpha = \dfrac{2\sin\alpha\cos\alpha}{\cos^2\alpha + \sin^2\alpha} = \dfrac{\dfrac{2\sin\alpha\cos\alpha}{\cos^2\alpha}}{\dfrac{\cos^2\alpha + \sin^2\alpha}{\cos^2\alpha}} = \dfrac{2\tan\alpha}{1 + \tan^2\alpha}$

02 $\cos 2\alpha = \cos^2\alpha - \sin^2\alpha = \dfrac{\cos^2\alpha - \sin^2\alpha}{\cos^2\alpha + \sin^2\alpha} = \dfrac{1 - \tan^2\alpha}{1 + \tan^2\alpha}$

03

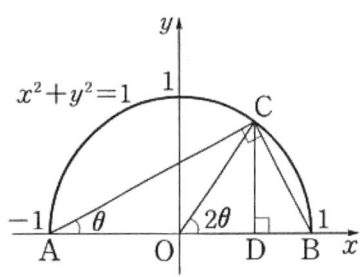

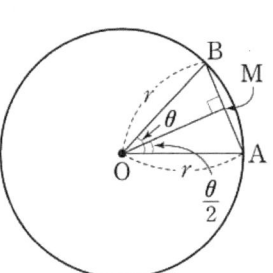

 **핵심예제 01**

다음 각 물음에 답하여라.

(1) $\sin\alpha = \dfrac{4}{5}\left(\dfrac{\pi}{2} < \alpha < \pi\right)$ 일 때, $\sin 2\alpha$, $\sin\dfrac{\alpha}{2}$의 값은?

(2) $\cos\alpha = -\dfrac{3}{4}\left(\dfrac{\pi}{2} < \alpha < \pi\right)$ 일 때, $\cos 2\alpha$, $\cos\dfrac{\alpha}{2}$의 값은?

 **핵심예제 02**

$\sin\alpha = -\dfrac{3}{5}$일 때, $\tan\dfrac{\alpha}{2}$의 값은? (단, α는 제 4사분면의 각이다.)

① -1 ② $-\dfrac{1}{3}$ ③ $\dfrac{1}{3}$ ④ 1 ⑤ $\sqrt{3}$

$x^2 + y^2 = 1$을 만족하는 실수 x, y에 대하여 $x^2 - y^2 + 2\sqrt{3}\,xy$의 최댓값은?

① $2 + \sqrt{3}$ ② 2 ③ $2 - \sqrt{3}$ ④ $3 + \sqrt{2}$ ⑤ $3 - \sqrt{2}$

지름 $\overline{AB}$의 길이가 10인 원이 있다. 원 위의 점 P, Q에 대하여 $\overline{AP} = 8$ 이고 $\angle QAB = 2\angle PAB$이다. 선분 $\overline{AQ}$의 길이는?

① $\dfrac{10}{5}$ ② $\dfrac{11}{5}$ ③ $\dfrac{12}{5}$ ④ $\dfrac{13}{5}$ ⑤ $\dfrac{14}{5}$

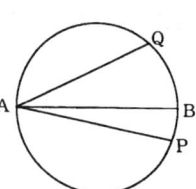

곱을 합·차로 고치는 공식

(1) $\sin\alpha\cos\beta = \dfrac{1}{2}\{\sin(\alpha+\beta)+\sin(\alpha-\beta)\}$

(2) $\cos\alpha\sin\beta = \dfrac{1}{2}\{\sin(\alpha+\beta)-\sin(\alpha-\beta)\}$

(3) $\cos\alpha\cos\beta = \dfrac{1}{2}\{\cos(\alpha+\beta)+\cos(\alpha-\beta)\}$

(4) $\sin\alpha\sin\beta = -\dfrac{1}{2}\{\cos(\alpha+\beta)-\cos(\alpha-\beta)\}$

 합·차를 곱으로 고치는 공식

(1) $\sin A + \sin B = 2\sin\dfrac{A+B}{2}\cos\dfrac{A-B}{2}$

(2) $\sin A - \sin B = 2\cos\dfrac{A+B}{2}\sin\dfrac{A-B}{2}$

(3) $\cos A + \cos B = 2\cos\dfrac{A+B}{2}\cos\dfrac{A-B}{2}$

(4) $\cos A - \cos B = -2\sin\dfrac{A+B}{2}\sin\dfrac{A-B}{2}$

 Let's go further

 **핵심예제 01**

다음 값을 구하여라.

(1) $\sin 75° \cos 15°$

(2) $\cos 105° \sin 45°$

(3) $\cos 45° \cos 15°$

(4) $\sin 165° \sin 105°$

(5) $\sin 165° + \sin 15°$

(6) $\cos 255° + \cos 15°$

(7) $\sin 75° - \sin 15°$

(8) $\cos 195° - \cos 15°$

 **핵심예제 02**

$\cos 20° \cos 40° \cos 80°$ 을 계산하면?

 **핵심예제 03**

$\cos 55\degree + \cos 65\degree + \cos 175\degree$ 의 값을 구하시오.

 **핵심예제 04**

다음 각 식의 값을 구하여라.

(1) $\dfrac{\sin 50\degree + \sin 10\degree}{\cos 50\degree + \cos 10\degree}$

(2) $\dfrac{\sin 55\degree \sin 35\degree}{\cos 80\degree + \cos 40\degree}$

삼각방정식의 일반해

다음 각 삼각방정식의 특수해가 α일 때, n을 임의의 정수라고 하면

(1) $\sin x = a (|a| \leq 1)$ 의 일반해는 $\Rightarrow$ $x = n\pi + (-1)^n \alpha$

(2) $\cos x = a (|a| \leq 1)$ 의 일반해는 $\Rightarrow$ $x = 2n\pi \pm \alpha$

(3) $\tan x = a$(단, a는 임의의 실수)의 일반해는 $\Rightarrow$ $x = n\pi + \alpha$

 삼각방정식의 해법

(1) 먼저 각을 통일한다.

(2) 배각공식, 반각공식, $\sin^2 x + \cos^2 x = 1$ 등의 기본공식을 이용하여 하나의 삼각함수로 고친 다음 이차방정식이나 치환에 의해 푼다.

(3) $a\sin x + b\cos x = c$꼴로 유도하여 삼각함수의 합성을 한다.(같은 각일 때)

(4) $\sin x = \sin \alpha$, $\cos x = \cos \alpha$, $\tan x = \tan \alpha$의 꼴로 유도하여 일반해공식을 이용한다.

(5) $s + s$, $s - s$, $c + c$, $c - c$을 포함하는 식은 합 또는 차를 곱으로 고치는 공식을 이용하여 $AB = 0$꼴로 유도한 다음 $A = 0$ 또는 $B = 0$을 이용한다.(다른 각일 때)

 Let's go further

01

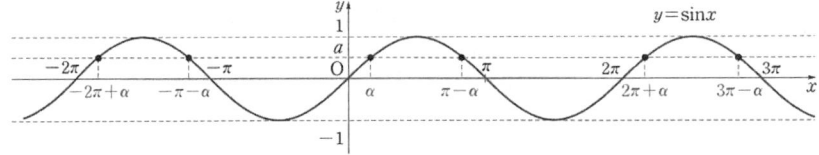

02

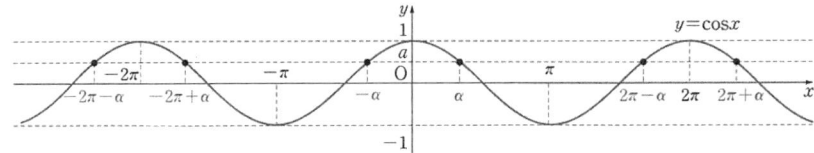

03

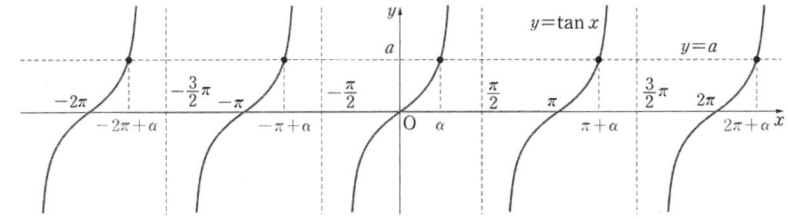

핵심예제 01

방정식 $\sqrt{3}\sin x - \cos x = a$가 서로 다른 두 실근을 갖도록 하는 상수 a값의 범위가 $\alpha \le a < \beta$ 일 때, $\alpha^2 + \beta^2$의 값은? (단, $0 \le x \le \pi$)

핵심예제 02

$0 \le x \le 2\pi$일 때, 방정식 $\cos^2 x - \sin^2 2x = 0$을 만족시키는 서로 다른 실근의 개수를 구하면?

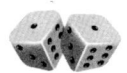 **핵심예제 03**

$0 \le x \le \pi$일 때, 방정식 $\cos 3x \cos x + \sin 3x \sin x = \cos \dfrac{3}{5}\pi$ 의 근의 총합은?

① $\dfrac{3}{2}\pi$　　　② π　　　③ $\dfrac{3}{5}\pi$　　　④ $\dfrac{\pi}{2}$　　　⑤ $\dfrac{3}{10}\pi$

✎

 **핵심예제 04**

방정식 $\sin \pi x + \sqrt{3}\cos \pi x = \dfrac{2}{3}x$ 의 근의 개수는?

✎

 **memo**

Ⅲ.
함수의
극한

수렴과 발산

(1) 수렴 : 함수 $f(x)$에서 x가 a와 다른 값을 취하면서 a에 가까워질 때, $f(x)$의 값이 일정한 값 α에 한없이 가까워지면 x가 a에 한없이 가까워질 때 $f(x)$는 α에 수렴한다고 하고, 기호로는 다음과 같이 나타낸다.

$$\lim_{x \to a} f(x) = \alpha$$

이 때, α를 $f(x)$의 극한값이라고 하며 수렴값 α는 유일하다.

여기서, 함수 $f(x)$가 $x = a$에서 정의되어 있느냐는 문제가 되지 아니한다.

즉, $\lim_{x \to a} f(x)$라 함은 $x \neq a$라는 조건하에서 x를 a에 무한히 가까이 하는 것이다.

(2) 발산 : 함수 $f(x)$가 수렴하지 않을 때 그 함수 $f(x)$는 발산한다고 한다.

좌극한과 우극한

(1) $\lim_{x \to a+0} f(x) = \alpha$, $\lim_{x \to a-0} f(x) = \beta$ 일 때 α를 우극한값, β를 좌극한값이라 한다.
(단, α, β는 유한확정값으로서 유일무이하다.)

(2) (좌극한값)=(우극한값)일 때, 극한값이 존재한다고 하며 다음과 같이 나타낸다.

$$\lim_{x \to a+0} f(x) = \lim_{x \to a-0} f(x) = \alpha \Leftrightarrow \lim_{x \to a} f(x) = \alpha$$

(3) (좌극한값)$\neq$(우극한값)일 때, 극한값이 없다고 한다. 즉,

$$\lim_{x \to a+0} f(x) \neq \lim_{x \to a-0} f(x) \Rightarrow \lim_{x \to a} f(x)는 극한값이 없다.$$

Let's go further

01

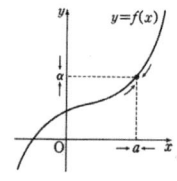

02

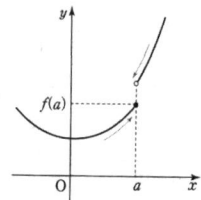
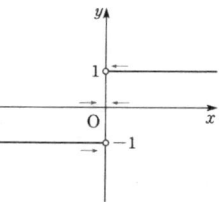
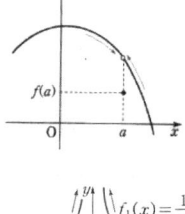

 **핵심예제 01**

다음 극한값을 구한 값 중에서 가장 작은 것은? (단, $[x]$는 x보다 크지 않은 최대 정수)

① $\lim\limits_{x \to +0} \dfrac{|x|}{1+|x|}$
② $\lim\limits_{x \to -0} \dfrac{|x|}{1+|x|}$
③ $\lim\limits_{x \to +0} \dfrac{x}{|x|}$
④ $\lim\limits_{x \to -0} \dfrac{x}{|x|}$
⑤ $\lim\limits_{x \to +0} [x]$

 **핵심예제 02**

다음 중 극한값이 존재하는 것을 모두 고르면? (단, $[x]$는 x보다 크지 않은 최대 정수)

① $\lim\limits_{x \to 1} \dfrac{1}{x-1}$
② $\lim\limits_{x \to 1} \sqrt{4x+5}$
③ $\lim\limits_{x \to -0} \dfrac{[x-1]}{x-1}$
④ $\lim\limits_{x \to 0} \dfrac{x^2}{|x|}$
⑤ $\lim\limits_{x \to 1} \dfrac{x^2-1}{|x-1|}$

 **핵심예제 03**

다음 극한값을 구하시오. (단, $[x]$는 x보다 크지 않은 최대 정수)

(1) $\lim\limits_{x \to -3+0} (x + [x])$

(2) $\lim\limits_{x \to -0} \dfrac{1}{1 + 2^{\frac{1}{x}}}$

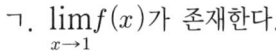 **핵심예제 04**

정의역이 $\{x | -1 \le x \le 3\}$인 함수 $y = f(x)$의 그래프가 오른쪽 그림과 같을 때, 다음 중 옳은 것을 모두 고른 것은?

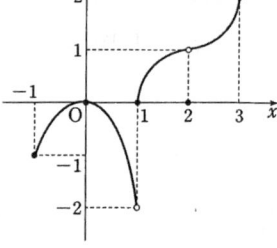

> ㄱ. $\lim\limits_{x \to 1} f(x)$가 존재한다.
>
> ㄴ. $\lim\limits_{x \to 2} f(x)$가 존재한다.
>
> ㄷ. $-1 < a < 1$인 실수 a에 대하여 $\lim\limits_{x \to a} f(x)$가 존재한다.

① ㄱ   ② ㄴ   ③ ㄷ   ④ ㄱ, ㄴ   ⑤ ㄴ, ㄷ

Lec.15 합성함수의 극한에 관한 교과서 속 주개념

합성함수의 극한

합성함수의 극한 $\lim\limits_{x \to a} g(f(x))$은 $\lim\limits_{x \to a-0} g(f(x)) = \lim\limits_{x \to a+0} g(f(x))$일 때 존재하고,

좌극한과 우극한을 계산할 때에는 각각 세 가지의 경우가 있다.

다음은 우극한을 계산할 때의 예이다.

(1) $x \to a+0$일 때, $f(x)$가 b보다 큰 값을 가지면서 b에 한없이 가까워지면,

즉 $f(x) \to b+0$이면

$$\lim_{x \to a+0} g(f(x)) = \lim_{t \to b+0} g(t) \text{ (단, } f(x) = t)$$

(2) $x \to a+0$일 때, $f(x)$가 b보다 작은 값을 가지면서 b에 한없이 가까워지면,

즉 $f(x) \to b-0$이면

$$\lim_{x \to a+0} g(f(x)) = \lim_{t \to b-0} g(t) \text{ (단, } f(x) = t)$$

(3) $x \to a+0$일 때, $f(x)$가 고정된 b값(가까워지는 값이 없이 그냥 그 값)을 가지면,

즉 $f(x) = b$이면

$$\lim_{x \to a+0} g(f(x)) = g(b) \text{ (가까워지는 값이 아니라 정의된 값)}$$

Let's go further

01 가우스 함수의 극한

(1) $x \to a$일 때는 원칙에 즈음해$(x \to a^{\pm})$ a 가까이의 수를 대입해서 생각한다.

(2) $x \to \infty$일 경우 $[f(x)] = f(x) - h$(단, $0 \leq h < 1$)로 놓고 풀거나

$f(x) - 1 < [f(x)] \leq f(x)$임을 이용하여 푼다.

　　예 $f(x) = x^2 - 2x$일 때

$$\lim_{x \to +0} [f(x)] + \lim_{x \to 1-0} [f(x)] + \lim_{x \to 2+0} [f(x)] + \lim_{x \to 3-0} [f(x)] \text{ 의 값을 구하여라.}$$

　　예 $g(x) = -x^2 + 4x - 3$일 때

$$\lim_{x \to -0} [g(x)] + \lim_{x \to 1+0} [g(x)] + \lim_{x \to 2-0} [g(x)] + \lim_{x \to 3+0} [g(x)] \text{ 의 값을 구하여라.}$$

　　예 $\lim\limits_{n \to \infty} \dfrac{\left[\dfrac{3}{4} \cdot 1^2\right] + \left[\dfrac{3}{4} \cdot 2^2\right] + \cdots + \left[\dfrac{3}{4} \cdot n^2\right]}{n^3}$ 의 값을 구하시오.

02 함수 $f(x)$를 $f(x) = \begin{cases} -x & (x < 0) \\ 1 & (0 \leqq x < 1) \\ x-1 & (x \geqq 1) \end{cases}$ 과 같이 정의할 때, 다음 극한을 구하여라.

(1) $\displaystyle\lim_{x \to 1} f(x)$

(2) $\displaystyle\lim_{x \to 1+0} f(f(x))$

(3) $\displaystyle\lim_{x \to 1-0} f(f(x))$

 **memo**

 **핵심예제 01**

함수 $y = f(x)$의 그래프가 아래 그림과 같을 때, 다음 중 옳은 것을 모두 고른 것은?

> ㄱ. $\displaystyle\lim_{x \to 1+0} f(x) + \lim_{x \to 1-0} f(x) = 0$
>
> ㄴ. $\displaystyle\lim_{x \to -1} f(x) = 2$
>
> ㄷ. $\displaystyle\lim_{x \to 1+0} f(f(x)) = 1$

① ㄱ   ② ㄷ   ③ ㄱ, ㄴ   ④ ㄴ, ㄷ   ⑤ ㄱ, ㄴ, ㄷ

 **핵심예제 02**

함수 $y = f(x)$의 그래프가 오른쪽 그림과 같다.
이 때, $\displaystyle\lim_{x \to 0} f(f(x)) + f\left(\lim_{x \to 0} f(x)\right)$ 의 값은?

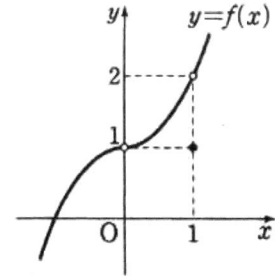

 **핵심예제 03**

두 함수 $f(x) = \begin{cases} \dfrac{x}{|x|} & (x \neq 0) \\ 0 & (x = 0) \end{cases}$, $g(x) = x^2 - x$ 에서 보기 중 그 값이 존재하는 것을 모두 고르면?

보기

ㄱ. $\displaystyle\lim_{x \to 0} f(g(x))$　　ㄴ. $\displaystyle\lim_{x \to 0} g(f(x))$　　ㄷ. $f\left(\displaystyle\lim_{x \to 0} g(x)\right)$　　ㄹ. $g\left(\displaystyle\lim_{x \to 0} f(x)\right)$

① ㄱ　　　　② ㄴ　　　　③ ㄷ　　　　④ ㄱ, ㄴ　　　　⑤ ㄷ, ㄹ

 **핵심예제 04**

두 함수 $y = f(x), y = g(x)$ 의 그래프가
그림과 같을 때,

$\displaystyle\lim_{x \to 1+0} f(g(x)) + \lim_{x \to 1-0} g(f(x))$ 의 값을

구하여라.

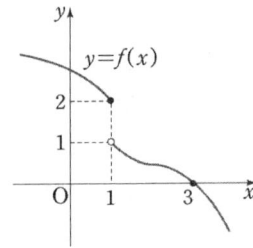 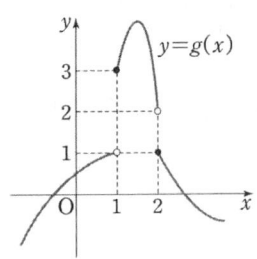

Lec.16 극한의 성질에 관한 교과서 속 주개념

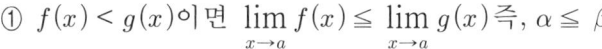 **함수의 극한의 성질**

(1) $\lim\limits_{x \to a} f(x) = \alpha$, $\lim\limits_{x \to a} g(x) = \beta$ (α, β는 상수)일 때

  ① $\lim\limits_{x \to a} kf(x) = k\lim\limits_{x \to a} f(x) = k\alpha$ (k는 상수)

  ② $\lim\limits_{x \to a}\{f(x) \pm g(x)\} = \lim\limits_{x \to a} f(x) \pm \lim\limits_{x \to a} g(x) = \alpha \pm \beta$ (복부호동순)

  ③ $\lim\limits_{x \to a}\{f(x) \cdot g(x)\} = \lim\limits_{x \to a} f(x) \cdot \lim\limits_{x \to a} g(x) = \alpha\beta$

  ④ $\lim\limits_{x \to a} \dfrac{g(x)}{f(x)} = \dfrac{\lim\limits_{x \to a} g(x)}{\lim\limits_{x \to a} f(x)} = \dfrac{\beta}{\alpha}$ (단, $f(x) \neq 0$, $\alpha \neq 0$)

(2) 함수의 극한의 대소관계

  $\lim\limits_{x \to a} f(x) = \alpha$, $\lim\limits_{x \to a} g(x) = \beta$ (α, β는 상수)일 때

  a에 가까운 모든 실수 x에 대하여

  ① $f(x) < g(x)$이면 $\lim\limits_{x \to a} f(x) \leq \lim\limits_{x \to a} g(x)$ 즉, $\alpha \leq \beta$

  ② 샌드위치 정리

    $f(x) < g(x) < h(x)$이고 $\lim\limits_{x \to a} f(x) = \lim\limits_{x \to a} h(x) = \alpha$이면 $\lim\limits_{x \to a} g(x) = \alpha$

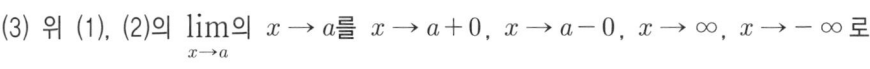

(3) 위 (1), (2)의 $\lim\limits_{x \to a}$의 $x \to a$를 $x \to a+0$, $x \to a-0$, $x \to \infty$, $x \to -\infty$ 로

  바꾸어도 함수의 극한에 관한 성질은 모두 성립한다.

(4) $\lim\limits_{x \to a} f(x) = \pm\infty$, $\lim\limits_{x \to a} g(x) = \alpha \Rightarrow \lim\limits_{x \to a} \dfrac{g(x)}{f(x)} = 0$

 Let's go further

핵심예제 01

두 함수 $f(x)$, $g(x)$가 $\lim\limits_{x \to 0} f(x) = \infty$, $\lim\limits_{x \to 0} \{3f(x) - 2g(x)\} = 2$를 만족시킬 때,

$\lim\limits_{x \to 0} \dfrac{f(x) - 4g(x)}{6g(x) - 2f(x)}$ 의 값을 구하시오.

① $-\dfrac{2}{3}$　　② 1　　③ $-\dfrac{1}{6}$　　④ $\dfrac{3}{7}$　　⑤ $-\dfrac{5}{7}$

핵심예제 02

실수 전체의 집합에서 정의된 함수 $f(x), g(x)$ 에 대하여 다음 중 옳은 것을 모두 고르면?

> Ⅰ. $\lim\limits_{x \to \infty} f(x)$, $\lim\limits_{x \to \infty} \{f(x) \cdot g(x)\}$ 가 각각 수렴하면, $\lim\limits_{x \to \infty} g(x)$도 수렴한다.
>
> Ⅱ. $\lim\limits_{x \to \infty} f(x)$, $\lim\limits_{x \to \infty} \dfrac{f(x)}{g(x)}$ 가 각각 수렴하면, $\lim\limits_{x \to \infty} g(x)$도 수렴한다.
>
> Ⅲ. $\lim\limits_{x \to \infty} g(x)$, $\lim\limits_{x \to \infty} \dfrac{f(x)}{g(x)}$ 가 각각 수렴하면, $\lim\limits_{x \to \infty} f(x)$도 수렴한다.

① Ⅰ　　② Ⅱ　　③ Ⅲ　　④ Ⅰ, Ⅱ　　⑤ Ⅰ, Ⅱ, Ⅲ

 **핵심예제 03**

두 함수 $y=f(x)$, $y=g(x)$의 그래프가 그림과 같을 때, 다음 보기 중 극한값이 존재하는 것을 모두 고른 것은?

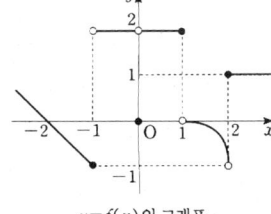

보기

ㄱ. $\lim\limits_{x \to 2} \{f(x)+g(x)\}$

ㄴ. $\lim\limits_{x \to 2} \left[\{f(x)\}^2 + \{g(x)\}^2\right]$

ㄷ. $\lim\limits_{x \to 2} \{f(x)g(x)\}$

① ㄱ   ② ㄴ   ③ ㄷ   ④ ㄱ, ㄴ   ⑤ ㄴ, ㄷ

 **핵심예제 04**

오른쪽 그림과 같이 정의된 두 함수 $f(x)$, $g(x)$에서 다음 중 극한값이 존재하지 않는 것은?

① $\lim\limits_{x \to 0} \{2f(x)+3g(x)\}$

② $\lim\limits_{x \to 2} f(x)g(x)$

③ $\lim\limits_{x \to 0} \dfrac{f(x)}{g(x)}$

④ $\lim\limits_{x \to -2} g(f(x))$

⑤ $\lim\limits_{x \to 0} f(g(x))$

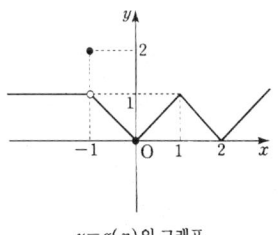

$y=f(x)$의 그래프 $y=g(x)$의 그래프

부정형의 극한

부정형의 함수의 극한을 구하는 방법은 부정형의 수열의 극한을 구하는 방법과 같다.

네 가지 부정형, 즉 $\dfrac{0}{0}$, $\dfrac{\infty}{\infty}$, $0 \times \infty$, $\infty - \infty$꼴의 극한값은 다음과 같이 계산한다.

(1) $\dfrac{0}{0}$ 꼴

    ① 분수식의 경우 분모, 분자를 인수분해한 다음 약분한다.

    ② 무리식의 경우 분모, 분자 중 근호가 있는 쪽을 유리화한다.

       물론, 양쪽 모두 근호가 있다면 양쪽 모두 유리화한다.

(2) $\dfrac{\infty}{\infty}$ 꼴

    ① "분자의 증가속도>분모의 증가속도"이면 $\pm\infty$로 발산한다.

    ② "분자의 증가속도<분모의 증가속도"이면 무한소0에 수렴한다.

    ③ "분자의 증가속도=분모의 증가속도"이면 최고차항 계수의 비에 수렴한다.

    ④ 증가속도는 "로그함수$\langle\cdots\langle\sqrt{x}\langle x\langle x^2\langle\cdots\langle$지수함수" 순이다.

(3) $\infty - \infty$ 꼴

    ① 다항식은 증가속도가 가장 큰 항으로 묶는다.

    ② 무리식은 유리화한다.

(4) $0 \times \infty$ 꼴

    ∞를 $\dfrac{1}{0}$로 바꾸어 $\dfrac{0}{0}$꼴로 해결하든가 0를 $\dfrac{1}{\infty}$로 바꾸어 $\dfrac{\infty}{\infty}$꼴로 해결한다.

 Let's go further

 **핵심예제 01**

다음 극한값을 구하시오.

(1) $\lim\limits_{x \to -1} \dfrac{x^3 - 2x^2 - x + 2}{x + 1}$

(2) $\lim\limits_{x \to -1} \dfrac{\sqrt{x + 5} - 2}{x + 1}$

(3) $\lim\limits_{x \to 0} \dfrac{1}{x} \left\{ \dfrac{1}{(x+1)^2} - 1 \right\}$

 **핵심예제 02**

다음 물음에 답하여라. (단, $[x]$는 x보다 크지 않은 최대의 정수이다.)

(1) 일반항이 $a_n = \sqrt{9n^2 - 2n} - \left[\sqrt{9n^2 - 2n}\right]$ 인 수열 $\{a_n\}$에 대하여 $\lim\limits_{n \to \infty} a_n$의 값은?

(2) $\lim\limits_{x \to -\infty} \left(\sqrt{[x^2 + 2x]} + x \right)$의 값은?

 **핵심예제 03**

다항함수 $f(x)$에 대하여 $\displaystyle\lim_{x \to 1}\frac{8(x^4-1)}{(x^2-1)f(x)}=1$ 일 때, $f(1)$의 값을 구하시오.

 **핵심예제 04**

다항함수 $g(x)$에 대하여 극한값 $\displaystyle\lim_{x \to 1}\frac{g(x)-2x}{x-1}$가 존재한다. $f(x)+x-1=(x-1)g(x)$를 만족

시키는 다항함수 $f(x)$가 존재할 때, $\displaystyle\lim_{x \to 1}\frac{f(x)g(x)}{x^2-1}$의 값은?

① 1   ② 2   ③ 3   ④ 4   ⑤ 5

미정계수법

(1) $\displaystyle\lim_{x \to a} \frac{g(x)}{f(x)} = \alpha$ (단, α는 0이 아닌 유한확정값)

   ① $f(x) \to 0$이면 $g(x) \to 0$

   ② $g(x) \to 0$이면 $f(x) \to 0$

(2) $\displaystyle\lim_{x \to \infty} \frac{g(x)}{f(x)} = \alpha$ (단, α는 0이 아닌 유한확정값)

   ① $f(x) \to \infty$이면 $g(x) \to \pm\infty$

   ② $g(x) \to \infty$이면 $f(x) \to \pm\infty$

Let's go further

01 미정계수를 결정함에 있어 $\dfrac{0}{0}$ 꼴은 인수를 결정하고 $\dfrac{\infty}{\infty}$ 꼴은 차수를 결정한다.

   다항식 $f(x)$에 대하여 (단, a, k, p, q는 상수)

(1) $\displaystyle\lim_{x \to a} \frac{f(x)}{x-a} = k$이면 $\displaystyle\lim_{x \to a} f(x) = f(a) = 0$, 즉 $f(x)$는 $x-a$를 인수로 갖는다.

   따라서 $f(x) = (x-a)Q(x)$라고 나타낼 수 있고

$$\lim_{x \to a} \frac{f(x)}{x-a} = \lim_{x \to a} \frac{(x-a)Q(x)}{x-a} = \lim_{x \to a} Q(x) = Q(a) = k$$

(2) $\displaystyle\lim_{x \to a} \frac{x-a}{f(x)} = k$ (단, $k \neq 0$)이면 $\displaystyle\lim_{x \to a} f(x) = f(a) = 0$, 즉 $f(x)$는 $x-a$를 인수로 갖는다.

$$\therefore \lim_{x \to a} \frac{x-a}{f(x)} = \lim_{x \to a} \frac{x-a}{(x-a)Q(x)} = \lim_{x \to a} \frac{1}{Q(x)} = \frac{1}{Q(a)} = k \quad \therefore Q(a) = \frac{1}{k}$$

(3) $\displaystyle\lim_{x \to \infty} \frac{f(x)}{ax^n} = k$ (단, $ak \neq 0$)이면 $f(x)$는 최고차항의 계수가 ak인 n차 다항식이다.

(4) $\displaystyle\lim_{x \to \infty} \frac{px^{n+1} + qx^n + \cdots}{ax^n} = k$ (단, $ak \neq 0$) 이면 $p = 0$이고 $q = ak$이다.

 **핵심예제 01**

다음 등식이 성립하도록 상수 a, b의 값을 정하시오.

(1) $\displaystyle\lim_{x \to 1} \frac{x^2 + ax - 3}{x - 1} = b$

(2) $\displaystyle\lim_{x \to -1} \frac{ax^2 + x + b}{x + 1} = 3$

 **핵심예제 02**

$\displaystyle\lim_{x \to -3} \frac{\sqrt{x^2 - x - 3} + ax}{x + 3} = b$가 성립하도록 상수 a, b의 값을 정할 때, $a + b$의 값은?

 **핵심예제 03**

x의 다항식 $f(x)$가 다음 두 조건을 만족할 때, $f(x)$를 구하시오.

I. $\displaystyle\lim_{x \to \infty} \frac{f(x)}{x^2+1} = 2$ II. $\displaystyle\lim_{x \to 1} \frac{f(x)}{x^2-1} = -1$

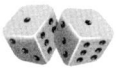 **핵심예제 04**

최고차항의 계수가 1인 삼차함수 $f(x)$가 $f(-1)=2$, $f(0)=0$, $f(1)=-2$를 만족시킬 때,

$\displaystyle\lim_{x \to 0} \frac{f(x)}{x}$ 의 값은?

① -1 ② -2 ③ -3 ④ -4 ⑤ -5

Lec.19 삼각함수의 극한에 관한 교과서 속 주개념

 삼각함수의 극한

(1) 삼각함수 $y = \sin x$, $y = \cos x$, $y = \tan x$의 정의역의 한 점 a에 대하여
$$\lim_{x \to a} \sin x = \sin a, \ \lim_{x \to a} \cos x = \cos a, \ \lim_{x \to a} \tan x = \tan a \text{이다.}$$

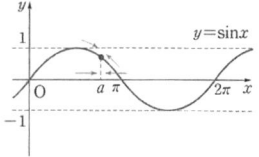 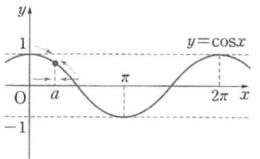 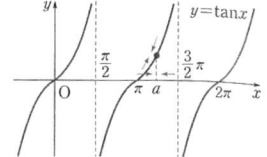

(2) 삼각함수의 극한 정리 (단, x는 라디안)

① $\displaystyle\lim_{x \to 0} \frac{\sin x}{x} = 1$, $\displaystyle\lim_{x \to 0} \frac{x}{\sin x} = 1$

② $\displaystyle\lim_{x \to 0} \frac{\tan x}{x} = 1$, $\displaystyle\lim_{x \to 0} \frac{x}{\tan x} = 1$

③ $\displaystyle\lim_{x \to 0} \frac{1 - \cos ax}{(ax)^2} = \frac{1}{2}$ (단, a는 상수)

④ $\displaystyle\lim_{x \to \infty} x \sin \frac{1}{x} = 1$, $\displaystyle\lim_{x \to \infty} x \tan \frac{1}{x} = 1$

(3) $\displaystyle\lim_{x \to +0} \frac{\cos x}{x} = \infty$, $\displaystyle\lim_{x \to -0} \frac{\cos x}{x} = -\infty$, $\displaystyle\lim_{x \to 0} \frac{x}{\cos x} = 0$

Let's go further

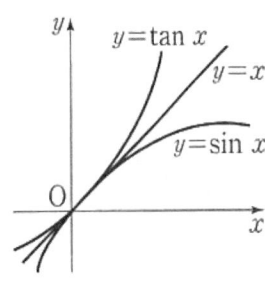 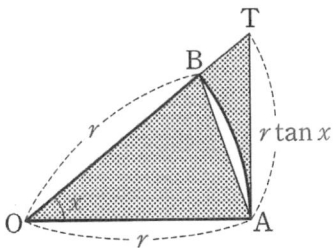 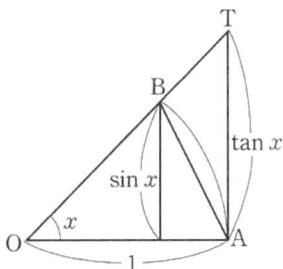

다음 극한값을 구하시오.

(1) $\displaystyle\lim_{x \to 0} \frac{\sin 3x}{\sin 2x}$

(2) $\displaystyle\lim_{x \to 0} \frac{\sin x^\circ}{x}$

(3) $\displaystyle\lim_{x \to 0} \frac{\sin x - 2\sin 2x}{x \cos x}$

(4) $\displaystyle\lim_{x \to 0} \frac{\tan 4x}{\tan 3x}$

(5) $\displaystyle\lim_{x \to 0} \frac{\cos 3x - \cos x}{\sin 2x}$

(6) $\displaystyle\lim_{\theta \to 0} \frac{\sec 2\theta - 1}{\sec \theta - 1}$

 핵심예제 02

다음 극한값을 구하시오.

(1) $\displaystyle\lim_{x \to 0} \frac{3\cos^2 x + 2\cos x - 5}{x^2}$

(2) $\displaystyle\lim_{x \to 0} \frac{\sin(\sin x)}{x}$

(3) $\displaystyle\lim_{x \to 3} \frac{x - 3}{\sin \pi x}$

(4) $\displaystyle\lim_{x \to 2\pi} \frac{\sin x}{x^2 - 4\pi^2}$

(5) $\displaystyle\lim_{x \to \frac{\pi}{2}} \frac{\sec x - \tan x}{x - \frac{\pi}{2}}$

(6) $\displaystyle\lim_{x \to \infty} x \sin \frac{1}{x}$

 **핵심예제 03**

$\displaystyle\lim_{x\to 0}\frac{\tan x}{\sin(ax+b)}=\frac{1}{2}$을 만족하는 상수 a, b에 대하여 $b-a$의 값은? 단, $0 \le b < \dfrac{\pi}{2}$

① 1   ② 2   ③ 0   ④ -2 ⑤ -1

 **핵심예제 04**

그림과 같이 제 1사분면에 점 $P(a, b)$를 잡고 $A(3, 0)$, $\angle POA = \theta$, $\angle PAO = 2\theta$라 할 때, $\displaystyle\lim_{\theta\to 0} a$를 구하여라.

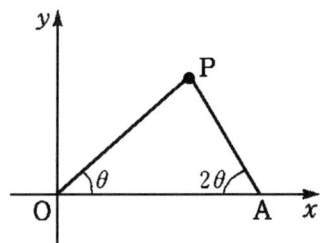

Lec.20 오일러의 수에 관한 교과서 속 주개념

 오일러의 수

(1) 무리수 e의 정의

① $e = \lim\limits_{x \to 0^+} (1+x)^{\frac{1}{x}} = \lim\limits_{x \to 0^-} (1+x)^{\frac{1}{x}}$

$\quad = \lim\limits_{x \to \infty} \left(1 + \dfrac{1}{x}\right)^x = \lim\limits_{x \to -\infty} \left(1 + \dfrac{1}{x}\right)^x$

$\quad = 2.7182818\cdots$

② $\lim\limits_{x \to \pm\infty} \left(1 - \dfrac{1}{x}\right)^x = \lim\limits_{x \to \pm\infty} \left\{\left(1 - \dfrac{1}{x}\right)^{-x}\right\}^{-1} = \dfrac{1}{e}$

$\quad \lim\limits_{x \to \pm\infty} \left(1 + \dfrac{1}{x}\right)^{-x} = \lim\limits_{x \to \pm\infty} \left\{\left(1 + \dfrac{1}{x}\right)^x\right\}^{-1} = \dfrac{1}{e}$

(2) 자연로그

밑이 e인 로그를 자연로그라 하고, $\ln x$로 나타낸다. 즉, $\ln x = \log_e x$

Let's go further

01

x	$(1+x)^{\frac{1}{x}}$
-0.1	$2.86797\cdots$
-0.01	$2.73199\cdots$
-0.001	$2.71964\cdots$
-0.0001	$2.71841\cdots$
-0.00001	$2.71829\cdots$
$\vdots$	$\vdots$
0	$2.71828\cdots$
$\vdots$	$\vdots$
0.00001	$2.59374\cdots$
0.0001	$2.70481\cdots$
0.001	$2.71692\cdots$
0.01	$2.71814\cdots$
0.1	$2.71827\cdots$

02

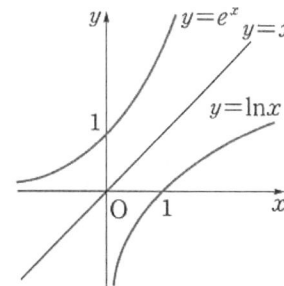

핵심예제 01

다음 극한값을 구하여라.

(1) $\lim_{x \to 0}(1+3x)^{\frac{2}{x}}$

(2) $\lim_{x \to \infty}\left(1-\frac{1}{x}\right)^{2x}$

(3) $\lim_{x \to \infty}\left(\frac{x+1}{x-1}\right)^{x}$

 **핵심예제 02**

다음 보기 중에서 극한값이 e인 것을 모두 고른 것은?

> **보기** ㄱ. $\lim_{x \to -\infty}\left(1-\frac{1}{x}\right)^{-x}$ ㄴ. $\lim_{x \to 0}(1-x)^{-\frac{1}{x}}$ ㄷ. $\lim_{x \to 1}x^{\frac{1}{x-1}}$

① ㄱ ② ㄴ ③ ㄱ, ㄴ ④ ㄴ, ㄷ ⑤ ㄱ, ㄴ, ㄷ

 **핵심예제 03**

$\lim_{n \to \infty} \left\{ \dfrac{1}{2} \left(1 + \dfrac{1}{n}\right) \left(1 + \dfrac{1}{n+1}\right) \left(1 + \dfrac{1}{n+2}\right) \cdots \left(1 + \dfrac{1}{2n}\right) \right\}^n$ 의 값은?

① e ② $\sqrt{e}$ ③ 1 ④ $\dfrac{1}{\sqrt{e}}$ ⑤ $\dfrac{1}{e}$

 **핵심예제 04**

$\lim_{x \to 2} \ln \left(\dfrac{x}{2}\right)^{\frac{1}{2-x}}$ 의 값은?

지수로그함수의 극한

(1) 임의의 실수 c에 대하여 $\displaystyle\lim_{x \to c} a^x = a^c$이고,

임의의 양수 c에 대하여 $\displaystyle\lim_{x \to c} \log_a x = \log_a c$이다.

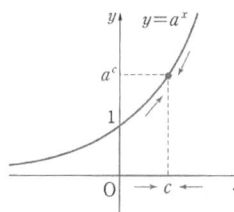 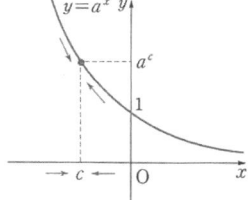

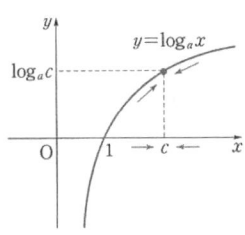 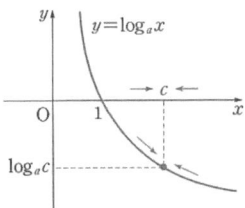

(2) 지수함수 $y = a^x$의 극한

① $a > 1$일 때 $\Rightarrow$ $\displaystyle\lim_{x \to -\infty} a^x = 0$, $\displaystyle\lim_{x \to \infty} a^x = \infty$

② $0 < a < 1$일 때 $\Rightarrow$ $\displaystyle\lim_{x \to -\infty} a^x = \infty$, $\displaystyle\lim_{x \to \infty} a^x = 0$

(3) 로그함수 $y = \log_a x$의 극한

① $a > 1$일 때 $\Rightarrow$ $\displaystyle\lim_{x \to \infty} \log_a x = \infty$, $\displaystyle\lim_{x \to +0} \log_a x = -\infty$

② $0 < a < 1$일 때 $\Rightarrow$ $\displaystyle\lim_{x \to \infty} \log_a x = -\infty$, $\displaystyle\lim_{x \to +0} \log_a x = \infty$

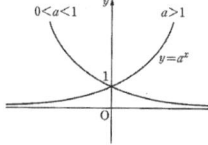

(4) 지수함수 · 로그함수의 극한 정리

$a > 0$, $a \neq 1$일 때

① $\displaystyle\lim_{x \to 0} \frac{\ln(1+x)}{x} = 1$, $\displaystyle\lim_{x \to 0} \frac{\log_a(1+x)}{x} = \frac{1}{\ln a}$

② $\displaystyle\lim_{x \to 0} \frac{e^x - 1}{x} = 1$, $\displaystyle\lim_{x \to 0} \frac{a^x - 1}{x} = \log_e a = \ln a$

Let's go further

01 $\square \to 0$일 때, 초월함수의 극한

(1) $\dfrac{\sin \square}{\square} \to 1,\ \dfrac{\tan \square}{\square} \to 1,\ \dfrac{e^{\square}-1}{\square} \to 1,\ \dfrac{\ln(1+\square)}{\square} \to 1$

(2) $\dfrac{1-\cos \square}{\square^2} \to \dfrac{1}{2}$

(3) $(1+\square)^{\frac{1}{\square}} \to e$

(4) $\dfrac{a^{\square}-1}{\square} \to \ln a$

(5) $\dfrac{\log_a(1+\square)}{\square} \to \dfrac{1}{\ln a}$

 **memo**

 **핵심예제 01**

다음 극한값을 구하시오.

(1) $\displaystyle\lim_{x \to 0} \dfrac{e^{5x} + e^{3x} + e^{x} - 3}{x}$

(2) $\displaystyle\lim_{x \to 0} \dfrac{\ln(1+2x)}{x}$

 **핵심예제 02**

$\displaystyle\lim_{n \to \infty} n(\sqrt[n]{a} - 1)$의 값을 구하면?

연속함수 $f(x)$가 $\displaystyle\lim_{x \to 0} \frac{f(x)}{\ln(1-x)} = 4$ 를 만족할 때, $\displaystyle\lim_{x \to 0} \frac{f(x)}{x}$ 의 값은?

① -4 ② -1 ③ 1 ④ 2 ⑤ 4

 **핵심예제 04**

$\displaystyle\lim_{x \to 0} \frac{a^x + b}{\ln(x+1)} = \ln 3 \, (a > 0, \ a \neq 1)$ 을 만족하는 상수 $a - b$의 값은?

① 1 ② 2 ③ 3 ④ 4 ⑤ 5

함수의 연속

(1) 함수 $f(x)$가

① $x = a$에서 정의되고 있고

② $\lim\limits_{x \to a} f(x)$가 존재하며

③ $\lim\limits_{x \to a} f(x) = f(a)$일 때, $f(x)$는 $x = a$에서 연속이다.

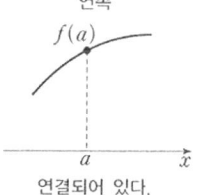

(2) 불연속

함수 $f(x)$가 위 세 가지 조건 중 어느 하나라도 만족하지 않으면 함수 $f(x)$는 $x = a$에서 불연속이다. 즉, 다음의 경우 불연속점이 생긴다.

① 극한값 없고 함숫값 없음

② 극한값 없고 함숫값 있음

③ 극한값 있고 함숫값 없음

④ 극한값 있고 함숫값 있으나 값이 다름

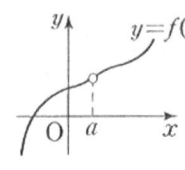 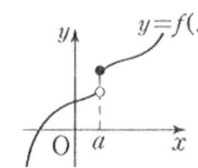 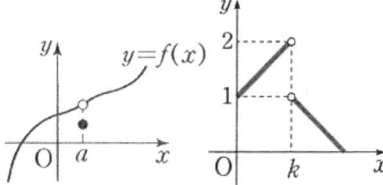

(3) 연속함수의 성질

함수 $f(x)$, $g(x)$가 모두 $x = a$ 또는 구간 $[a, b]$에서 연속이면, 다음 각 함수도 $x = a$ 또는 $[a, b]$에서 연속이다.

① $kf(x)$ (단, k는 상수)

② $f(x) \pm g(x)$

③ $f(x)g(x)$

④ $\dfrac{f(x)}{g(x)}$ (단, $g(x) \neq 0$)

Let's go further

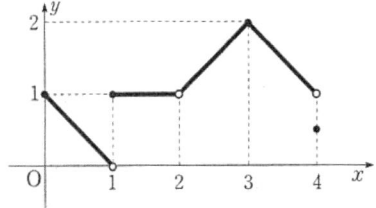

 **핵심예제 01**

$-\dfrac{\pi}{2} \le x \le \dfrac{3}{2}\pi$ 에서 정의된 함수 $f(x) = \begin{cases} \dfrac{e^{2x}-1}{\sin x} & (x \ne 0) \\ a & (x = 0) \end{cases}$ 가 $x = 0$에서 연속이 되도록

상수 a의 값을 정하여라.

 **핵심예제 02**

연속함수 $f(x)$가 $(e^x + x - 1)f(x) = 2x$ 를 만족할 때, $f(0)$의 값은?

 **핵심예제 03**

함수 $f(x) = \lim\limits_{n \to \infty} \dfrac{x^{2n} - 1}{x^{2n} + 1}$ 이 $x = a$에서 불연속일 때, 실수 a의 값들의 합은?

① -2　　　② -1　　　③ 0　　　④ 1　　　⑤ 2

 **핵심예제 04**

두 함수 $y = f(x)$와 $y = g(x)$의 그래프가 각각 다음과 같다. 이 때, 다음 중 옳은 것을 모두 고르면?

ㄱ. $\lim\limits_{x \to 0} f(g(x)) = 0$

ㄴ. 함수 $y = f(g(x))$는 $x = 0$에서 불연속이다.

ㄷ. $0 < x < 1$일 때, 함수 $y = f(g(x))$는 불연속이다.

① ㄱ　　　② ㄴ　　　③ ㄷ　　　④ ㄱ, ㄷ　　　⑤ ㄴ, ㄷ

최대최소의 정리

닫힌구간 $[a,\ b]$에서 연속인 함수는 이 구간에서 반드시 최댓값과 최솟값을 가진다.

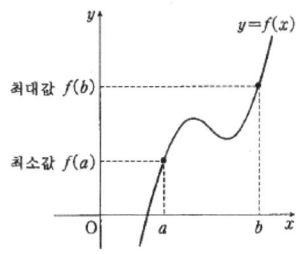 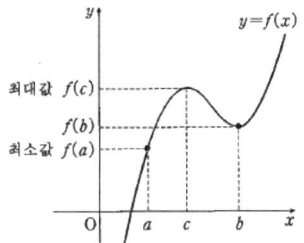

 중간값의 정리

(1) 중간값의 정리

함수 $f(x)$가 닫힌구간 $[a,\ b]$에서 연속이고 $f(a) \neq f(b)$ 이면, $f(a)$와 $f(b)$ 사이의 임의의 값 k에 대하여 $f(c) = k$인 c가 a와 b 사이에 적어도 하나 존재한다.

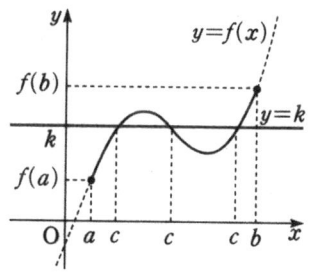 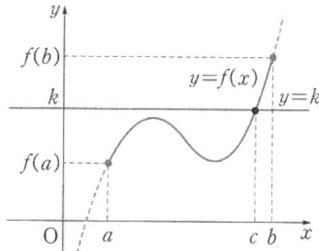

(2) 중간값의 정리와 방정식의 실근

함수 $f(x)$가 닫힌구간 $[a,\ b]$에서 연속이고 $f(a)$와 $f(b)$의 부호가 다르면 즉, $f(a)f(b) < 0$ 이면, 방정식 $f(x) = 0$은 a와 b 사이에 적어도 하나의 실근을 가진다.

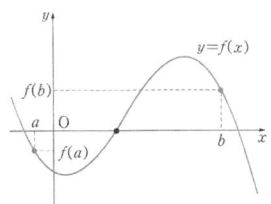 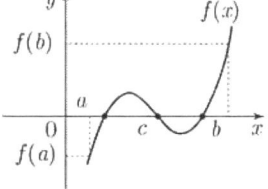 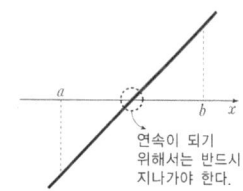

Let's go further

01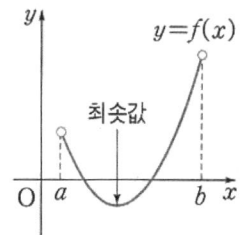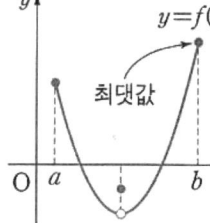

02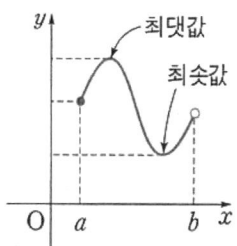

03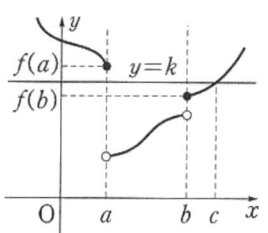

 **memo**

 **핵심예제 01**

다음 중 열린구간 $(0, 1)$에서 적어도 한 개의 실근을 갖는 것을 모두 고르면?

> ㄱ. $\cos \pi x - x = 0$
>
> ㄴ. $2^x + x - 2 = 0$
>
> ㄷ. $\log_2 (x + 1) + x - 1 = 0$

① ㄱ   ② ㄷ   ③ ㄱ, ㄴ   ④ ㄴ, ㄷ   ⑤ ㄱ, ㄴ, ㄷ

 **핵심예제 02**

방정식 $2x^{2014} + 3x + a = 0$은 오직 하나의 실근을 가진다. 이 실근이 0보다 크고 1보다 작을 때, a의 값의 범위를 구하시오.

 **핵심예제 03**

방정식 $f(x) = x$가 1보다 크고 2보다 작은 실근을 가진다고 판단하는데 그 근거가 될 수 있는 것은? (단, $f(x)$는 연속함수이다.)

① $f(1)f(2) > 0$ ② $f(1)f(2) < 0$

③ $f(1)f(2) = 0$ ④ $\{f(1) - 1\} \cdot \{f(2) - 2\} > 0$

⑤ $\{f(1) - 1\} \cdot \{f(2) - 2\} < 0$

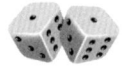 **핵심예제 04**

$f(0) = -\dfrac{1}{2}$, $f\left(\dfrac{1}{3}\right) = \dfrac{1}{2}$, $f\left(\dfrac{1}{2}\right) = \dfrac{1}{3}$, $f\left(\dfrac{2}{3}\right) = \dfrac{3}{4}$, $f\left(\dfrac{3}{4}\right) = \dfrac{4}{5}$, $f(1) = \dfrac{5}{6}$ 이고 $f(x)$가 연속일 때,

$f(x) - x = 0$은 구간 $(0, 1)$에서 적어도 몇 개의 실근을 갖는가?

 **memo**

IV.
미분법

미분계수

(1) 평균변화율

① 함수 $y = f(x)$에서 x의 값이 $x = a$에서 $x = a + \triangle x$까지 변할 때

평균변화율은 $\dfrac{\triangle y}{\triangle x} = \dfrac{f(a + \triangle x) - f(a)}{\triangle x}$ 이다.

② 함수 $y = f(x)$에서 x의 값이 $x = a$에서 $x = a + h$까지 변할 때

평균변화율은 $\dfrac{\triangle y}{\triangle x} = \dfrac{f(a + h) - f(a)}{h}$ 이다.

③ 함수 $y = f(x)$에서 x의 값이 $x = a$에서 $x = b$까지 변할 때의

평균변화율은 $\dfrac{\triangle y}{\triangle x} = \dfrac{f(b) - f(a)}{b - a}$ 이다.

④ 함수 $f(x)$의 $x = a$에서 $x = b$ 까지의 평균변화율은

점 $\mathrm{P}(a, \ f(a))$와 점 $\mathrm{Q}(b, \ f(b))$를 지나는 직선의 기울기를 뜻한다.

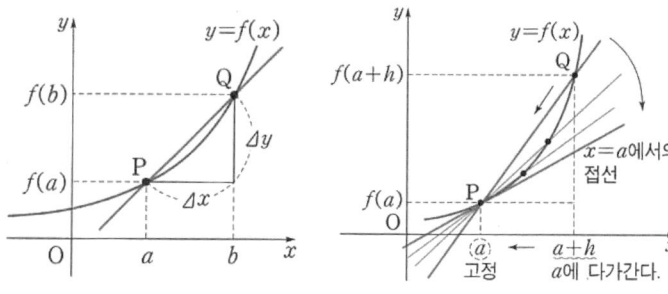

(2) 순간변화율(미분계수) : 평균변화율의 극한값

① 함수 $y = f(x)$의 $x = a$에서의 미분계수는 $f'(a) = y'_{x=a} = \left[\dfrac{dy}{dx} \right]_{x=a}$ 로 나타내고

다음과 같다.

$$\therefore \ f'(a) = \lim_{\triangle x \to 0} \frac{f(a + \triangle x) - f(a)}{\triangle x}$$
$$= \lim_{h \to 0} \frac{f(a + h) - f(a)}{h}$$
$$= \lim_{x \to a} \frac{f(x) - f(a)}{x - a}$$

② $f'(a)$가 존재할 때, 함수 $f(x)$는 $x = a$에서 미분가능하다.

③ 미분계수 $f'(a)$는 점 $\mathrm{P}(a, f(a))$에서의 접선의 기울기를 의미한다.

④ 곡선 $y = f(x)$ 위의 점 $\mathrm{P}(a, f(a))$에서의 접선이 x축의 양의 방향과 이루는 각을

θ라 하면, $f'(a) = \tan\theta$ 이다.

(3) 미분가능한 함수 $f(x)$에 대하여 $f'(a)$의 꼴

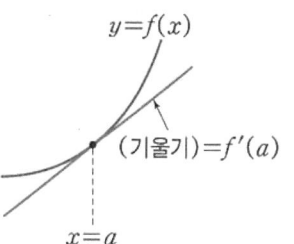

① $▨ \to a$일 때, $\dfrac{f(▨)-f(a)}{▨-a} \to f'(a)$

② $▨ \to 0$일 때, $\dfrac{f(a+▨)-f(a)}{▨} \to f'(a)$

③ $▨ \to \infty$일 때, $▨\left\{f\left(a+\dfrac{1}{▨}\right)-f(a)\right\} \to f'(a)$

(기울기)$=f'(a)$

$x=a$

 도함수의 정의

(1) 도함수의 정의

미분 가능한 함수 $f(x)$에 대하여, x의 각 값에 미분계수 $f'(x)$를 대응시키면, 대응 $x \to f'(x)$는 새로운 함수가 되고, 이 함수를 $f(x)$의 도함수라 한다.

도함수를 구하는 것을 '미분한다'라고 한다.

$$\begin{aligned} f'(x) &= \lim_{\triangle x \to 0} \frac{\triangle y}{\triangle x} \\ &= \lim_{\triangle x \to 0} \frac{f(x+\triangle x)-f(x)}{\triangle x} \\ &= \lim_{h \to 0} \frac{f(x+h)-f(x)}{h} \\ &= \lim_{t \to x} \frac{f(t)-f(x)}{t-x} \end{aligned}$$

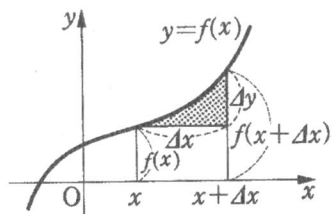

(2) 도함수의 표현

$$y', \ f'(x), \ \frac{dy}{dx}, \ \frac{df(x)}{dx}, \ \frac{d}{dx}f(x)$$

(3) 도함수의 기하학적 의미

$y=f(x)$ 위의 임의의 점 $(x, f(x))$에서의 접선의 기울기

 Let's go further

함수 $y=f(x)$의 도함수 $f'(x)$가 미분가능할 때,

극한값 $\displaystyle\lim_{h \to 0} \frac{f'(x+h)-f'(x)}{h}$ 를 $y=f(x)$의 이계도함수라 하고

y'', $f''(x)$, $\dfrac{d^2y}{dx^2}$, $\dfrac{d^2}{dx^2}f(x)$ 등의 기호로 나타낸다.

또, 함수 $y=f(x)$가 n번 미분가능할 때 n번 미분한 것을 $f(x)$의 n계 도함수라 하며,

$f^{(n)}(x) = \dfrac{d^ny}{dx^n} = \dfrac{d^n}{dx^n}f(x)$ 등의 기호로 나타낸다.

 **핵심예제 01**

아래 그림은 함수 $y = f(x)$의 그래프이다. 그래프 위의 네 점의 x좌표를 각각 a, b, c, d라 할 때, 다음을 크기가 작은 것부터 순서대로 나열하여라.

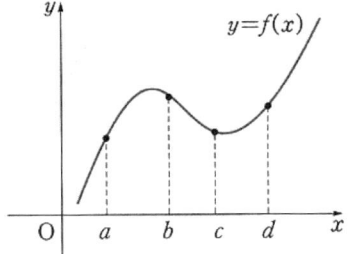

$$f'(a), f'(b), f'(c), f'(d)$$

 **핵심예제 02**

$f'(2) = -1$인 함수 $f(x)$에 대하여 $\displaystyle\lim_{h \to 0}\dfrac{f(2+3h)-f(2-2h)}{h}$의 값은?

① -5 ② -1 ③ 0 ④ 1 ⑤ 5

핵심예제 03

$f'(1) = 3$인 함수 $f(x)$에 대하여 $\lim\limits_{x \to 1} \dfrac{f(x^3) - f(1)}{x - 1}$ 의 값은?

핵심예제 04

다항함수 $f(x)$에 대하여 $\lim\limits_{n \to \infty} n\left(f\left(a + \dfrac{b}{n}\right) - f\left(a - \dfrac{b}{n}\right)\right)$의 값은? (단, $b \neq 0$)

① 0　　　　② $\dfrac{1}{b} f(a)$　　　　③ $b f'(a)$　　　　④ $2b f'(a)$　　　　⑤ $f'(a)$

미분가능성과 연속성

함수 $f(x)$가 $x=a$에서 미분가능이면 $f(x)$는 $x=a$에서 연속이다. 따라서 함수 $f(x)$가 $x=a$에서 불연속이면 $x=a$에서 미분불능이다. 그러나 함수 $f(x)$가 $x=a$에서 연속이라 해서 반드시 $x=a$에서 미분가능인 것은 아니며, 또 함수 $f(x)$가 $x=a$에서 미분불능이라 해서 $f(x)$가 $x=a$에서 반드시 불연속인 것은 아니다.

Let's go further

01 뾰족점과 불연속점에서는 미분불가능하다. 왜냐하면, 끊어지거나 뾰족한 미분불능인 점에서는 접선이 없거나, 접선이 확정되지 않기 때문이다. 또, 부드럽게 이어져서 접선이 확정되더라도 그 접선이 y축에 평행한 접선인 점에서는 미분불가능하다.

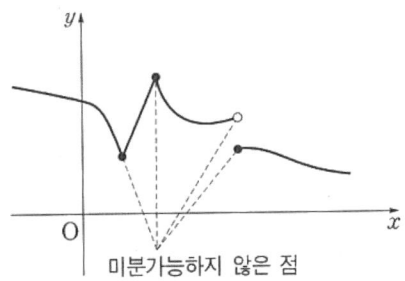

미분가능하지 않은 점

02 함수 $f(x)=|x|$ 의 도함수 $f'(x)$의 그래프를 그린 다음, 도함수 $f'(x)$의 원시함수의 그래프를 그려라.

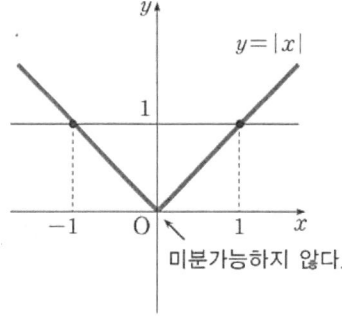

미분가능하지 않다.

 **핵심예제 01**

다음 명제의 역이 성립하지 않음을 반례를 들어 증명하고자 한다. 반례로서 적당한 함수는?

　'함수 $y = f(x)$ 가 $x = a$ 에서 미분가능이면 $y = f(x)$ 는 $x = a$ 에서 연속이다.'

① $y = x^4$　　② $y = \dfrac{1}{2x}$　　③ $y = \sqrt{x^2}$　　④ $y = \begin{cases} x^3 \ (x \geq 0) \\ 0 \ \ (x < 0) \end{cases}$　　⑤ $y = \dfrac{x^2 - 4}{x - 2}$

 **핵심예제 02**

다음으로 정의되는 함수의 $x = 0$ 에서의 연속성과 미분가능성을 판정하여라.

(1) $f(x) = \begin{cases} x\sin\dfrac{1}{x} & (x \neq 0) \\ 0 & (x = 0) \end{cases}$　　　　(2) $f(x) = \begin{cases} x^2\sin\dfrac{1}{x} & (x \neq 0) \\ 0 & (x = 0) \end{cases}$

 **핵심예제 03**

함수 $y = \begin{cases} 0 & (x < 0) \\ x^{2015} & (0 \leq x < 1) \\ 1 & (x \geq 1) \end{cases}$ 에 대한 다음 설명 중 옳지 않은 것을 모두 고르면?

㉮ $x = -1$에서 미분가능하다. ㉯ $x = 0$에서 연속이다.

㉰ $x = 1$에서 연속이다. ㉱ $x = 0$에서 미분가능하다.

㉲ $x = 1$에서 미분가능하다. ㉳ $x = 2$에서 미분가능하다.

 **핵심예제 04**

함수 $f(x) = x|x|$ 의 $x = 0$에서의 미분가능성을 판정하여라.

미분법 공식

두 함수 $f(x)$, $g(x)$의 도함수가 존재할 때,

(1) $y = c$ (c는 상수) $\Rightarrow y' = 0$

(2) $y = x^n \Rightarrow y' = nx^{n-1}$ (n은 자연수에서 실수까지 확장가능)

(3) $y = cf(x)$ (c는 상수) $\Rightarrow y' = cf'(x)$

(4) $y = f(x) \pm g(x) \Rightarrow y' = f'(x) \pm g'(x)$ (복부호 동순)

(5) $y = f(x)g(x) \Rightarrow y' = f'(x)g(x) + f(x)g'(x)$

(6) $y = f(g(x)) \Rightarrow y' = f'(g(x)) \cdot g'(x)$

$\quad y = \{f(x)\}^n \Rightarrow y' = n\{f(x)\}^{n-1} \cdot f'(x)$

$\quad y = f(ax+b) \Rightarrow y' = af'(ax+b)$

$\quad y = f(ax^2+bx+c) \Rightarrow y' = (2ax+b)f'(ax^2+bx+c)$

Let's go further

01 도함수의 정의에 따라 합성함수의 미분법(chain rule)을 유도한다.

$p(x) = f(g(x))$에 대하여

$$p'(x) = \lim_{h \to 0} \frac{p(x+h) - p(x)}{h} = \lim_{h \to 0} \frac{f(g(x+h)) - f(g(x))}{h}$$

$$= \lim_{h \to 0} \left\{ \frac{f(g(x+h)) - f(g(x))}{g(x+h) - g(x)} \times \frac{g(x+h) - g(x)}{h} \right\} = f'(g(x)) \times g'(x)$$

02 약한 로피탈의 정리

$x = a$에서 미분가능한 두 함수 $f(x)$, $g(x)$에 대하여 $f(a) = g(a) = 0$이고

$g'(a) \neq 0$이면 $\lim\limits_{x \to a} \dfrac{f(x)}{g(x)} = \lim\limits_{x \to a} \dfrac{f'(x)}{g'(x)} = \dfrac{f'(a)}{g'(a)}$ 이다.

解) $\dfrac{f'(a)}{g'(a)}$ 은 미분계수의 정의와 극한의 성질에서

$$\frac{f'(a)}{g'(a)} = \frac{\lim\limits_{x \to a} \dfrac{f(x) - f(a)}{x - a}}{\lim\limits_{x \to a} \dfrac{g(x) - g(a)}{x - a}} = \lim_{x \to a} \frac{\dfrac{f(x) - f(a)}{x - a}}{\dfrac{g(x) - g(a)}{x - a}} \text{ 이다. 그런데,}$$

$$\frac{\dfrac{f(x) - f(a)}{x - a}}{\dfrac{g(x) - g(a)}{x - a}} = \frac{f(x) - f(a)}{g(x) - g(a)} = \frac{f(x) - 0}{g(x) - 0} = \frac{f(x)}{g(x)} \text{ 이므로 } \frac{f'(a)}{g'(a)} = \lim_{x \to a} \frac{f(x)}{g(x)} \text{ 이다.}$$

핵심예제 01

다항함수 $f(x)$, $g(x)$ 가 $\lim\limits_{x \to 1}\dfrac{f(x)-2}{x-1}=3$, $\lim\limits_{x \to 1}\dfrac{g(x)}{x^2-1}=3$ 을 만족시킬 때,

함수 $y=f(x)g(x)$ 의 $x=1$에서의 미분계수는?

핵심예제 02

$\lim\limits_{x \to 1}\dfrac{x^n-2x+1}{x-1}=15$를 만족하는 자연수 n의 값은?

① 11   ② 13   ③ 15   ④ 17   ⑤ 19

함수 $f(x) = \begin{cases} ax^2 + 2 & (x \geq 1) \\ 4x + b & (x < 1) \end{cases}$ 가 $x = 1$에서 미분 가능할 때, 상수 a, b의 합은?

① -2 ② -1 ③ 0 ④ 1 ⑤ 2

다항식 $x^8 - x + 3$을 $(x-1)^2$으로 나눌 때의 나머지는?

몫의 미분법

두 함수 $f(x)$, $g(x)$ 의 도함수가 존재할 때,

$y = \dfrac{f(x)}{g(x)}$ 의 도함수는 $y' = \dfrac{f'(x)g(x) - f(x)g'(x)}{\{g(x)\}^2}$ 이다.

특히, $y = \dfrac{1}{g(x)}$ 의 도함수는 $y' = -\dfrac{g'(x)}{\{g(x)\}^2}$ 이다.

합성함수의 미분법

합성함수 $y = f\{g(x)\}$ 의 도함수는 $\dfrac{dy}{dx} = \dfrac{dy}{du} \cdot \dfrac{du}{dx} = f'(g(x))g'(x)$ 를 이용한다.

(1) $y = f(ax + b)$ 이면 $\dfrac{dy}{dx} = af'(ax + b)$

(2) $y = \{f(x)\}^n$ 이면 $\dfrac{dy}{dx} = n\{f(x)\}^{n-1}f'(x)$

Let's go further

$y = f(u)$, $u = g(x)$ 가 미분 가능할 때 x의 증분 $\triangle x$ 에 대한 u의 증분을 $\triangle u$, 또 u 의 증분 $\triangle u$ 에 대한 y의 증분을 $\triangle y$ 라고 하면 $\dfrac{\triangle y}{\triangle x} = \dfrac{\triangle y}{\triangle u} \cdot \dfrac{\triangle u}{\triangle x}$ 이다.

그런데 $y = f(u)$, $u = g(x)$ 는 미분 가능하므로

$$\lim_{\triangle u \to 0} \frac{\triangle y}{\triangle u} = \frac{dy}{du} = f'(u), \quad \lim_{\triangle x \to 0} \frac{\triangle u}{\triangle x} = \frac{du}{dx} = g'(x)$$

한편, $\triangle u = g(x + \triangle x) - g(x)$ 이므로 $\displaystyle\lim_{\triangle x \to 0} \triangle u = \lim_{\triangle x \to 0} \{g(x + \triangle x) - g(x)\} = 0$

($\because$ 미분 가능한 함수 $g(x)$는 연속)

즉, $\triangle x \to 0$이면 $\triangle u \to 0$이다. 따라서 다음이 성립한다.

$$\frac{dy}{dx} = \lim_{\triangle x \to 0} \frac{\triangle y}{\triangle x} = \lim_{\triangle x \to 0} \left(\frac{\triangle y}{\triangle u} \cdot \frac{\triangle u}{\triangle x} \right) = \lim_{\triangle x \to 0} \frac{\triangle y}{\triangle u} \cdot \lim_{\triangle x \to 0} \frac{\triangle u}{\triangle x}$$

$$= \lim_{\triangle u \to 0} \frac{\triangle y}{\triangle u} \cdot \lim_{\triangle x \to 0} \frac{\triangle u}{\triangle x} = \frac{dy}{du} \cdot \frac{du}{dx}$$

$$= f'(u)g'(x) = f'(g(x))g'(x)$$

 **핵심예제 01**

함수 $f(x) = \dfrac{2x-3}{x^2-1}$ 에 대하여 $\displaystyle\lim_{x \to 0} \dfrac{f(2+3x)-f(2-6x)}{x}$ 의 값은?

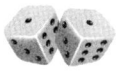 **핵심예제 02**

다음 함수를 미분하여라.

(1) $y = \dfrac{1}{(4-x)^3}$

(2) $y = \left(\dfrac{x}{1+x^2}\right)^3$

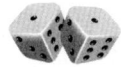 **핵심예제 03**

함수 $f(x) = \sqrt[3]{\dfrac{x+1}{x+3}}$ 에 대하여 $f'(-2)$의 값은?

① $\dfrac{1}{3}$ ② $\dfrac{1}{2}$ ③ $\dfrac{2}{3}$ ④ 1 ⑤ $\sqrt[3]{2}$

 **핵심예제 04**

미분가능한 함수 $f(x)$가 $f(1) = 1$, $f'(1) = 2$를 만족할 때, 함수 $g(x) = \dfrac{x}{f(x)+2}$의 $x = 1$에서의 미분계수는?

음,역,매개함수의 미분법

(1) 음함수의 미분법

x의 함수 y가 음함수 $f(x, y) = 0$으로 주어지고, y가 x에 대하여 미분 가능할 때, x에 대한 y의 도함수는 $f(x, y) = 0$의 각 항을 x에 대하여 미분하여 구한다.

이 때, $\dfrac{d}{dx}f(y) = \dfrac{d}{dy}f(y) \cdot \dfrac{dy}{dx} = f'(y) \cdot \dfrac{dy}{dx}$ 를 이용한다.

예컨대, $\dfrac{d}{dx}y^n = \dfrac{d}{dy}y^n \cdot \dfrac{dy}{dx} = ny^{n-1}\dfrac{dy}{dx}$ 이다.

(2) 역함수의 미분법

미분가능한 함수 $y = f(x)$의 역함수 $y = g(x)$에 대하여

① $\dfrac{dy}{dx} = \dfrac{1}{\dfrac{dx}{dy}}$ $\left(\text{단}, \dfrac{dx}{dy} \neq 0 \right)$

② $g'(x) = \dfrac{1}{f'(y)}$ $(\text{단}, f'(y) \neq 0)$

(3) 매개변수함수 미분법

$x = f(t)$, $y = g(t)$ 가 t에 대하여 미분가능하고

$f'(t) \neq 0$ 이면 $\dfrac{dy}{dx} = \dfrac{\dfrac{dy}{dt}}{\dfrac{dx}{dt}} = \dfrac{g'(t)}{f'(t)}$ 이다.

 Let's go further

01 $m_1 = \dfrac{d-b}{c-a} = \dfrac{1}{m_2}$ $\Rightarrow$ $f'(a) = \dfrac{1}{(f^{-1})'(b)}$

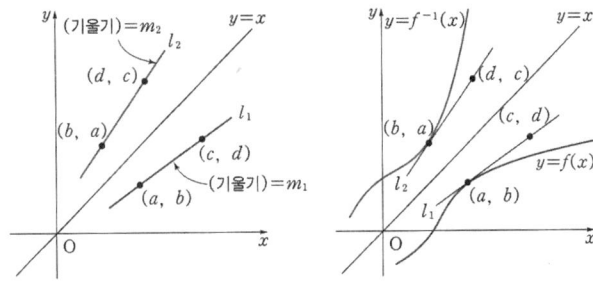

02 매개변수로 나타내어진 함수의 이계도함수

음함수 $x^3 + y^3 + axy + b = 0$ 위의 점 $(1,\ 2)$에서의 $\dfrac{dy}{dx}$ 의 값이 $\dfrac{1}{10}$ 일 때, 상수 $a,\ b$의 값을 구하여라.

함수 $f(x) = x^2 + x - 2\,(x > 0)$ 의 역함수를 $g(x)$라 할 때, $g\,'(0)$의 값을 구하여라.

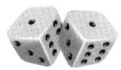

핵심예제 03

$x = t^3$, $y = 2t^2 + 1$로 주어진 함수 $y = f(x)$ 에 대하여 $\displaystyle\lim_{h \to 0}\dfrac{f(8+h)-f(8-h)}{h}$ 의 값은?

① $\dfrac{2}{3}$ ② 1 ③ $\dfrac{4}{3}$ ④ 2 ⑤ $\dfrac{8}{3}$

핵심예제 04

$x = 2t$, $y = t^2 - t + 2$일 때, $\dfrac{d}{dx}\left(\dfrac{dy}{dx}\right)$는?

삼각함수의 미분법

(1) $y = \sin x \Rightarrow y' = \cos x$

(2) $y = \cos x \Rightarrow y' = -\sin x$

(3) $y = \tan x \Rightarrow y' = \sec^2 x$

(4) $y = \cot x \Rightarrow y' = -\csc^2 x$

(5) $y = \sec x \Rightarrow y' = \sec x \tan x$

(6) $y = \csc x \Rightarrow y' = -\csc x \cot x$

 Let's go further

 **핵심예제 01**

다음 함수의 도함수를 구하여라.

(1) $y = \sin x - \cos x$ (2) $y = \dfrac{\cos x}{\sin x + \cos x}$

 **핵심예제 02**

다음 함수의 도함수를 구하여라.

(1) $y = \sin 2x$ (2) $y = \cos^3 x$

(3) $y = \tan^3 x$ (4) $y = \cos x \sin^2 x$

 **핵심예제 03**

$f(x) = \tan x \left(-\dfrac{\pi}{2} < x < \dfrac{\pi}{2} \right)$ 의 역함수를 $g(x)$라 할 때, 곡선 $y = g(x)$ 위의 x좌표가 1인 점 에서의 접선의 기울기는?

 **핵심예제 04**

다음 식에서 $\dfrac{dy}{dx}$ 를 구하여라. (단, (1)은 x, (2)는 θ의 식으로 써라.)

(1) $\sin y = x \left(-\dfrac{\pi}{2} < y < \dfrac{\pi}{2} \right)$ (2) $\begin{cases} x = a\cos^3\theta \\ y = a\sin^3\theta \end{cases} (a \neq 0)$

Lec.30 지로함수의 미분에 관한 교과서 속 주개념

 지로함수의 미분법

(1) 지수함수의 미분법 (단, $a \neq 1$, $a > 0$)

① $y = a^x \Rightarrow y' = a^x \ln a$

② $y = e^x \Rightarrow y' = e^x$

(2) 로그함수의 미분법 (단, $a \neq 1$, $a > 0$)

① $y = \log_a x \Rightarrow y' = \dfrac{1}{x} \log_a e = \dfrac{1}{x \ln a}$

② $y = \log_a |x| \Rightarrow y' = \dfrac{1}{x \ln a}$

③ $y = \ln x \Rightarrow y' = \dfrac{1}{x}$

④ $y = \ln |x| \Rightarrow y' = \dfrac{1}{x}$

 로그미분법

$y = \{f(x)\}^{g(x)}$ 꼴의 함수 또는 $y = \dfrac{g(x)}{f(x)}$ (복잡한 분수꼴)의 미분은 다음과 같은 순서로 도함수를 구할 수 있다.

(1) 양변에 절댓값을 취한다. (양수일 경우 생략한다.)

(2) 양변에 자연로그를 취한다.

(3) 양변을 x에 대하여 미분한 후 y'에 대하여 정리한다.

이와 같은 방법을 로그미분법이라 한다.

Let's go further

 **핵심예제 01**

다음 함수를 미분하여라.

(1) $y = e^{-ax}\sin bx$

(2) $y = e^{\sin x}$

 **핵심예제 02**

다음 함수를 미분하여라.

(1) $y = \ln(x^2 + 4)$

(2) $y = \ln|x^2 - 1|$

(3) $y = \log_3(1 - 2x)^3$

(4) $y = e^x \ln(\sin x)$

 **핵심예제 03**

다음 함수를 미분하여라.

(1) $y = \dfrac{(x+1)^3}{x(x-1)^2}$　　　　　　　(2) $y = x^{\sin x}$

✏️

 **핵심예제 04**

함수 $f(x) = x^{\ln x}$에 대하여 $\displaystyle\lim_{x \to 0} \dfrac{f(e+x) - f(e-x)}{x}$의 값을 구하여라.

✏️

접선의 기울기

(1) $y = f(x)$ 위의 한 점 $(a, f(a))$에서의 접선의 기울기 $\Rightarrow f'(a)$

(2) 곡선 $f(x, y) = 0$ 위의 한 점 (a, b)에서의 접선의 기울기

$\Rightarrow$ 음함수의 미분법에 따라 $\dfrac{dy}{dx} = g(x, y)$라 할 때, 접선의 기울기는 $g(a, b)$이다.

접선의 방정식

(1) 접점이 주어질 때의 접선

① $y = f(x)$ 위의 한 점 $(a, f(a))$에서의 접선의 방정식

$\Rightarrow y = f'(a)(x - a) + f(a)$

② 곡선 $f(x, y) = 0$ 위의 한 점 (a, b)에서의 접선

$\Rightarrow$ 음함수의 미분법에 따라 $\dfrac{dy}{dx} = g(x, y)$라 할 때,

접선의 방정식은 $y = g(a, b)(x - a) + b$이다.

(2) $y = f(x)$에 접하고 기울기가 m인 접선

접점의 좌표를 $(a, f(a))$라 가정하면, a의 방정식 $m = f'(a)$로부터 a의 값이 구해진다. 이 때, 접선은 $y = m(x - a) + f(a)$이다.

(3) $y = f(x)$에 접하고 곡선 밖의 한 점 (x_0, y_0)를 지나는 접선

접점의 좌표를 $(a, f(a))$라 가정하면, 두 점 (x_0, y_0)와 $(a, f(a))$의 평균변화율과 $f'(a)$가 같으므로 $\dfrac{f(a) - y_0}{a - x_0} = f'(a)$로부터 a의 값을 구한다.

이 때, 접선은 $y = f'(a)(x - a) + f(a)$이다.

🧩 Let's go further

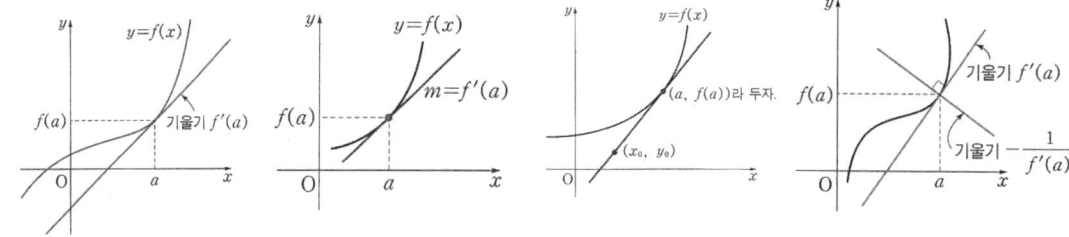

 **핵심예제 01**

곡선 $f(x) = x^3 - 2x^2 + 3$ 위의 점 $(1, 2)$를 지나고 이 점에서의 접선에 수직인 직선의 방정식은?

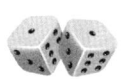 **핵심예제 02**

$y = \ln x$ 에 접하는 기울기가 2인 직선의 방정식을 구하여라.

원점에서 곡선 $y = e^{x-k}$에 그은 접선이 점 $(2,\ 4)$를 지날 때, 상수 k의 값을 구하시오.

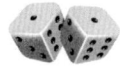 **핵심예제 04**

$x = \theta - \sin\theta,\ y = 1 - \cos\theta$로 표시된 곡선의 $\theta = \dfrac{\pi}{2}$인 점에서의 접선의 방정식을 구하여라.

롤의 정리

함수 $f(x)$가 닫힌구간 $[a, b]$에서 연속, $f(a) = f(b)$이고, 열린구간 (a, b)에서 미분가능하면, $f'(c) = 0$인 c가 (a, b) 안에 적어도 하나 존재한다.

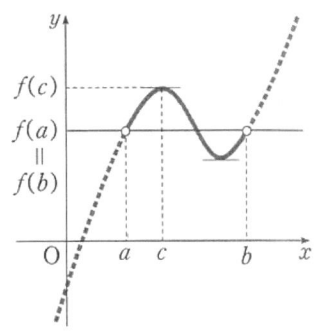

Let's go further

함수 $f(x)$가 상수함수인 경우는 $f'(c) = 0 \ (a < c < b)$임은 당연하므로 $f(x)$가 상수함수가 아닌 경우를 살펴보면, $f(a) = f(b)$이므로 최대최소의 정리에 의하여 양 끝점을 제외한 어떤 점 $x = c \ (a < c < b)$에서 반드시 최댓값 또는 최솟값을 가진다.

만약, $x = c$에서 최댓값을 갖는다면 $a < c + h < b$를 만족하는 임의의 충분히 작은 값 h에 대하여 $f(c + h) - f(c) \leq 0$이므로 $h > 0$일 때

$$\frac{f(c+h) - f(c)}{h} \leq 0 \text{이고}, \ h < 0 \text{일 때} \ \frac{f(c+h) - f(c)}{h} \geq 0 \text{이다.}$$

곧, $\displaystyle\lim_{h \to -0} \frac{f(c+h) - f(c)}{h} \geq 0, \ \lim_{h \to +0} \frac{f(c+h) - f(c)}{h} \leq 0$이고 $y = f(x)$는 미분 가능한 함수이므로 좌우미계수가 같아야 한다.

$$\therefore \ f'(c) = \lim_{h \to 0} \frac{f(c+h) - f(c)}{h} = 0$$

또, $x = c$에서 최솟값을 가질 때 $a < c + h < b$를 만족하는 임의의 h에 대하여 $f(c + h) - f(c) \geq 0$이고 $\displaystyle\lim_{h \to -0} \frac{f(c+h) - f(c)}{h} \leq 0, \ \lim_{h \to +0} \frac{f(c+h) - f(c)}{h} \geq 0$이므로

미분가능 함수 $y = f(x)$에 대하여 $f'(c) = \displaystyle\lim_{h \to 0} \frac{f(c+h) - f(c)}{h} = 0$이 성립한다.

평균값의 정리

함수 $f(x)$가 닫힌구간 $[a,\ b]$에서 연속이고, 열린구간 $(a,\ b)$에서 미분가능하면

$$\frac{f(b)-f(a)}{b-a}=f'(c)\ 인\ c가\ (a,\ b)\ 안에\ 적어도\ 하나\ 존재한다.$$

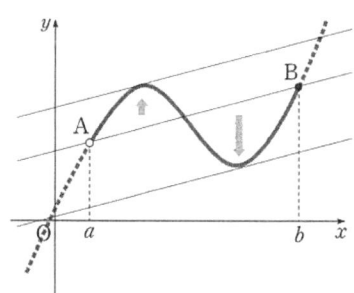 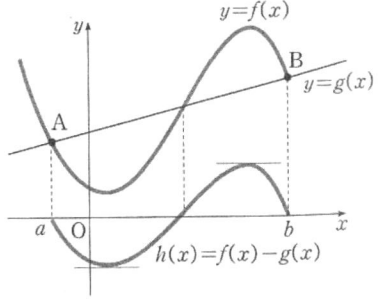

 Let's go further

$\dfrac{f(b)-f(a)}{b-a}=k\,(k는\ 상수)$ 라고 하고 $k=f'(c)$인 $c\,(단,\ a<c<b)$가 적어도 하나 존재함을 보이자.

그림에서 직선 AB를 나타내는 함수를 $y=g(x)$라 하면 $g(x)=k(x-a)+f(a)$이다.
여기서, 함수 $f(x)$와 $g(x)$의 차를 $h(x)$라 하면
$h(x)=f(x)-g(x)=f(x)-k(x-a)-f(a)$ 이다.

이제 $x,\ f(x)$가 모두 미분가능하고 $k,\ a,\ f(a)$ 또한 상수로서 미분 가능하므로 함수 $h(x)$는 $[a,\ b]$에서 연속이고, $(a,\ b)$에서 미분가능하다. 또, 두 점 A, B는 $y=f(x)$의 그래프와 $y=g(x)$의 그래프의 교점이므로 $h(a)=h(b)=0$이다.
따라서 롤의 정리에 의하여 $h'(c)=0\,(a<c<b)$이 되는 c가 적어도 하나 존재한다.
$\therefore\ h'(x)=f'(x)-k$
$\therefore\ h'(c)=f'(c)-k=0$
$\therefore\ f'(c)=k$
즉, $\dfrac{f(b)-f(a)}{b-a}=f'(c)$ 인 $c\,(단,\ a<c<b)$가 적어도 하나 존재한다.

 **핵심예제 01**

다음 함수에서 롤의 정리를 만족하는 c의 값을 구하여라.

$f(x) = \cos x + \sin x \quad [0,\ 2\pi]$

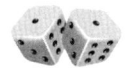 **핵심예제 02**

함수 $f(x) = \ln x \ [1,\ e]$에 대하여 평균값의 정리를 만족시키는 상수 c의 값을 구하여라.

핵심예제 03

$x > 0$일 때 $\dfrac{1}{x+1} < \ln(x+1) - \ln x < \dfrac{1}{x}$ 임을 보여라.

✏️

핵심예제 04

$f(x) = e^x$ 에 대하여 닫힌구간 $[0,\ x]$에서 평균값의 정리를 써서 $a < \dfrac{1}{x}\ln\dfrac{e^x - 1}{x} < b$를 만족시키는 $a,\ b$를 구하여라.

✏️

Lec.33 증가감소에 관한 교과서 속 주개념

 함수의 증감

(1) 증가상태와 감소상태

함수 $f(x)$에서 충분히 작은 모든 양수 h에 대하여

① $f(a-h) < f(a) < f(a+h)$ 이면 $f(x)$는 $x=a$에서 증가상태에 있다.

② $f(a-h) > f(a) > f(a+h)$ 이면 $f(x)$는 $x=a$에서 감소상태에 있다.

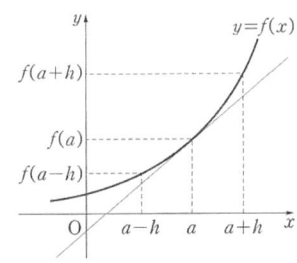 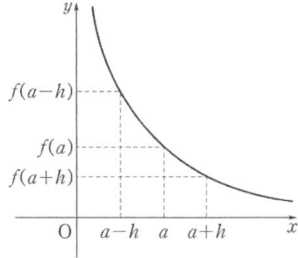

(2) 증가함수와 감소함수

함수 $f(x)$가 어떤 구간의 임의의 두 수 a, b에 대하여 $a < b$일 때,

① $f(a) < f(b)$ 이면 $f(x)$는 그 구간에서 증가함수이다.

② $f(a) > f(b)$ 이면 $f(x)$는 그 구간에서 감소함수이다.

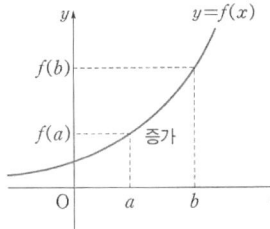 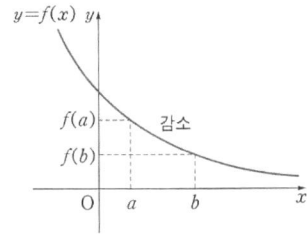

(3) $f'(a)$의 부호와 $x=a$에서의 $f(x)$의 증가상태 · 감소상태

함수 $y=f(x)$가 $x=a$에서 미분 가능할 때

① $f'(a) > 0$이면 $f(x)$는 $x=a$에서 증가상태에 있다.

② $f'(a) < 0$이면 $f(x)$는 $x=a$에서 감소상태에 있다.

③ $x=a$에서 증가상태(감소상태) $\Rightarrow$ $f'(a) \geq 0 \, (f'(a) \leq 0)$

충분히 작은 모든 양수 h에 대하여

증가상태의 경우, $f'(a-h) > 0$, $f'(a+h) > 0$ 이고

감소상태의 경우, $f'(a-h) < 0$, $f'(a+h) < 0$ 이다.

(4) 도함수 $f'(x)$의 부호와 함수 $f(x)$의 증가 · 감소

함수 $f(x)$가 어떤 구간에서 미분가능하고 그 구간에서

① 항상 $f'(x) > 0$이면 $f(x)$는 그 구간에서 증가한다.

② 항상 $f'(x) < 0$이면 $f(x)$는 그 구간에서 감소한다.

③ 항상 $f'(x) = 0$이면 $f(x)$는 그 구간에서 상수함수이다.

④ $f(x)$가 증가함수(감소함수) $\Rightarrow$ 그 구간에서 $f'(x) \geqq 0 \, (f'(x) \leqq 0)$

(단, $f'(x) = 0$ 인 점의 좌, 우에서 증가의 경우 $f'(x) > 0$, 감소의 경우 $f'(x) < 0$ 이다.)

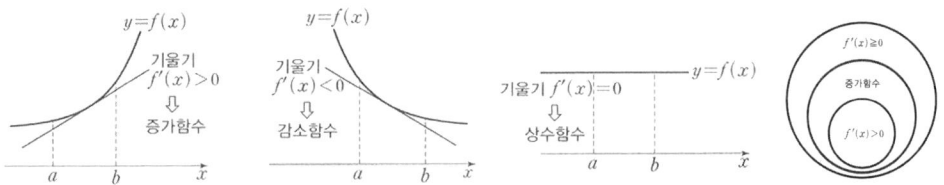

 Let's go further

01 평균값의 정리를 이용하여 함수의 증가, 감소를 판정할 수 있다.

함수 $f(x)$가 어떤 구간에서 미분가능할 때, 주어진 구간에 속하는 임의의 두 수 a, b 에 대하여 $a < b$이면 평균값의 정리에 의하여 $\dfrac{f(b) - f(a)}{b - a} = f'(c) \, (a < c < b)$ 가 되는 c가 적어도 하나 존재한다. 이 식을 변형하면 $f(b) - f(a) = f'(c)(b - a)$인 바, 이 때 $a < b$에서 $b - a > 0$이므로 $f(b) - f(a)$의 부호와 $f'(c)$의 부호는 같다. 따라서 어떤 구간에서 $f'(x) > 0$이면 $f'(c) > 0$이므로 $f(b) - f(a) > 0$ 이다.

즉, $f(a) < f(b)$ 이므로 함수 $f(x)$는 이 구간에서 증가한다.

같은 방법으로 어떤 구간에서 $f'(x) < 0$이면 함수 $f(x)$는 이 구간에서 감소함을 보일 수 있다. 따라서 앞으로 우리는 도함수의 부호를 통해 함수의 증가, 감소를 판정할 수 있다. 다만, 함수가 주어진 구간에서 미분가능한지 꼭 확인해야 한다. 미분이 불가능한데 미분계수를 어떻게 구하겠는가?

02 모든 실수 x에 대하여, $f(x) = ax^3 + bx^2 + cx + d \, (a \neq 0)$ 가 항상 증가

$\Rightarrow$ 모든 실수 x에 대하여, $f'(x) = 3ax^2 + 2bx + c \geq 0$

(1) $a > 0$

(2) 판별식 $D/4 = b^2 - 3ac \leq 0$

 **핵심예제 01**

사차함수 $y = F(x)$의 그래프가 그림과 같을 때, 다음 중 부등식 $F(x) \cdot F'(x) < 0$을 만족하는 x의 값의 범위가 될 수 없는 것은?
(단, $F'(x)$는 $F(x)$의 도함수이다.)

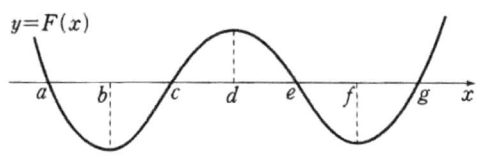

① $x < a$ ② $b < x < c$ ③ $d < x < e$ ④ $f < x < g$ ⑤ $x > g$

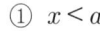

 **핵심예제 02**

함수 $f(x) = x^3 + ax^2 - x + 1$이 $x = 1$에서 증가상태에 있을 때, 다음 중 a의 값이 될 수 있는 것은?

① -8 ② -6 ③ -4 ④ -2 ⑤ 0

 **핵심예제 03**

함수 $f(x) = -x^3 + kx^2 + kx + 1$에 대하여 $x_1 > x_2$인 임의의 두 실수 x_1, x_2에 대하여 $f(x_1) < f(x_2)$가 성립할 때, k의 최댓값은?

① -5 ② -3 ③ 0 ④ 3 ⑤ 5

 **핵심예제 04**

함수 $f(x) = ax + \ln(x^2 + 4)$가 구간 $(-\infty, \infty)$에서 증가함수일 때, 상수 a의 최솟값을 구하여라.

극대극소

(1) 함수 $f(x)$가 어떤 구간에서 연속이고, 그 구간의 점 $x=a$의 좌우에서 증가상태에서 감소상태로 바뀌면 $f(x)$는 $x=a$에서 극대가 되고, $f(a)$를 극댓값이라고 한다. 이 때, $f(a-h)<f(a)>f(a+h)$ 이고 극대점은 무수히 많을 수 있다.

(2) 함수 $f(x)$가 어떤 구간에서 연속이고, 그 구간의 점 $x=a$의 좌우에서 감소상태에서 증가상태로 바뀌면 $f(x)$는 $x=a$에서 극소가 되고, $f(a)$를 극솟값이라고 한다. 이 때, $f(a-h)>f(a)<f(a+h)$ 이고 극소점은 무수히 많을 수 있다.

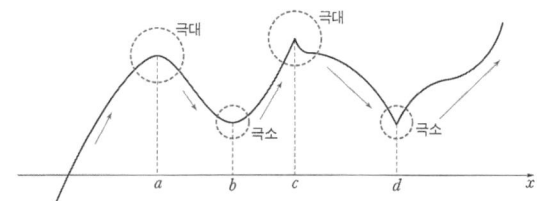

(3) 미분가능함수 $f(x)$의 극값의 판정

① $f'(a)=0$이고 충분히 작은 양수 h에 대해,

$f'(a-h)>0, f'(a+h)<0$ 이면 $x=a$에서 극대가 되고,

$f'(a-h)<0, f'(a+h)>0$ 이면 $x=a$에서 극소가 된다.

즉 $f'(a)=0$이고 $x=a$의 좌우에서

$f'(x)$의 부호가 $(+) \to (-)$이면 $f(x)$는 $x=a$에서 극대이고,

$f'(x)$의 부호가 $(-) \to (+)$이면 $f(x)$는 $x=a$에서 극소이다.

② 이계도함수를 갖는 함수 $f(x)$에 대하여

$f'(a)=0$, $f''(a)<0$ 이면 $f(x)$는 $x=a$에서 극대이고,

$f'(a)=0$, $f''(a)>0$ 이면 $f(x)$는 $x=a$에서 극소이다.

만약 $f''(a)=0$이거나 $f''(a)$가 존재하지 않을 때에는 $f(x)$가 $x=a$에서 극값을 갖는지, 극값이라 해도 극댓값인지 극솟값인지를 판정할 수 없다. 이때는 다른 방법으로 판정해야 한다.

⑩ $f(x)=x^3$, $f(x)=x^4$

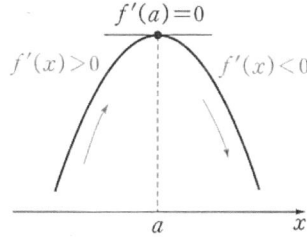 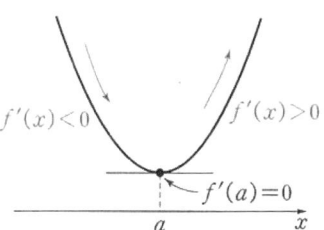

Let's go further

01 함수 $f(x) = x^4 - 4x^3 + 4x^2 + 6$ 의 극대, 극소와 그래프의 개형을 구하여라.

(1) 증감표를 이용한다.

$f'(x) = 0$인 x의 값을 구하면,

$f'(x) = 4x^3 - 12x^2 + 8x = 4x(x-1)(x-2) = 0$에서 $\therefore$ $x = 0, 1, 2$

$x = 0, x = 1, x = 2$ 를 기준으로 증감표를 작성하면 다음과 같다.

x	$x < 0$	0	$0 < x < 1$	1	$1 < x < 2$	2	$x > 2$
$f'(x)$	$-$	0	$+$	0	$-$	0	$+$
$f(x)$	$\searrow$	6	$\nearrow$	7	$\searrow$	6	$\nearrow$

따라서 $(0, 6), (2, 6)$이 극소점, $(1, 7)$이 극대점에 해당한다.

곧 극솟값은 6이고 극댓값은 7이다. 그래프는 생략한다.

(2) 원시함수의 그래프 개형을 이용한다.

$f'(x) = 0$인 x의 값을 구하면,

$f'(x) = 4x^3 - 12x^2 + 8x = 4x(x-1)(x-2) = 0$에서 $\therefore$ $x = 0, 1, 2$

$x = 0, x = 1, x = 2$ 가 모두 중근이 아니므로 세 곳에서 모두 극대, 극소가 일어난다. 따라서 사차의 원시함수 개형을 생각해 볼 때, 사차항의 계수가 양이므로 W형일 것이므로 좌에서 우로 차례대로 극소, 극대, 극소가 될 것임을 짐작할 수 있다. 곧, $x = 0$에서 극소이고 극솟값은 $f(0) = 6$, $x = 1$에서 극대이고 극댓값은 $f(1) = 7$, $x = 2$에서 극소이고 극솟값은 $f(2) = 6$ 이다.

따라서 $(0, 6), (2, 6)$이 극소점, $(1, 7)$이 극대점에 해당한다. 그래프는 생략한다.

(3) 일계도함수의 그래프를 이용한다.

$f'(x) = 0$인 x의 값을 구하면,

$f'(x) = 4x^3 - 12x^2 + 8x = 4x(x-1)(x-2) = 0$에서 $\therefore$ $x = 0, 1, 2$

도함수 $f'(x) = 4x^3 - 12x^2 + 8x = 4x(x-1)(x-2)$의 그래프를 그려 원시함수의 극대, 극소를 알아보자. 그래프를 그려보면, $x = 0$을 기준으로 도함수의 부호가 $-$에서 $+$로, $x = 1$을 기준으로 도함수의 부호가 $+$에서 $-$로, $x = 2$를 기준으로 도함수의 부호가 $-$에서 $+$로 바뀌고 있음을 알 수 있다. 따라서 $x = 0$에서 극소이고 극솟값은 $f(0) = 6$, $x = 1$에서 극대이고 극댓값은 $f(1) = 7$, $x = 2$에서 극소이고 극솟값은 $f(2) = 6$ 이다. 곧, $(0, 6), (2, 6)$이 극소점, $(1, 7)$이 극대점에 해당한다.

(4) 이계도함수를 이용한다.

$f'(x) = 0$인 x의 값을 구하면,

$f'(x) = 4x^3 - 12x^2 + 8x = 4x(x-1)(x-2) = 0$에서 $\therefore$ $x = 0, 1, 2$

또, 이계도함수 $f''(x) = 12x^2 - 24x + 8$에서

$f''(0) = 8 > 0, f''(1) = -4 < 0, f''(2) = 8 > 0$ 이므로,

$(0, f(0)), (2, f(2))$ 가 극소점에 해당하고 $(1, f(1))$이 극대점에 해당한다.

이상 상동하다.

 **핵심예제 01**

함수 $y=f'(x)$의 그래프가 오른쪽 그림과 같을 때, 다음 중 $y=f(x)$의 그래프로 적당한 것은?

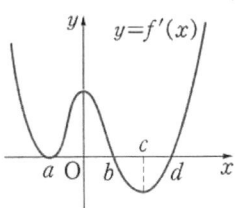

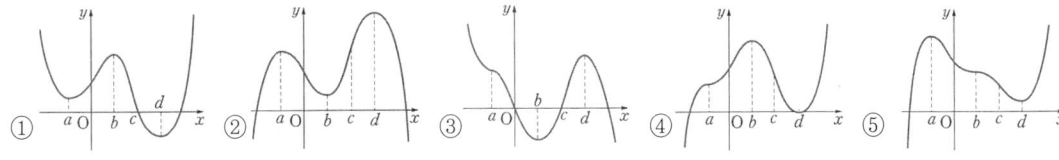

 **핵심예제 02**

함수 $f(x)=x^3-kx^2-k^2x+3$ 이 $-2<x<2$ 에서 극댓값을 갖고 $x>2$ 에서 극솟값을 가질 때, k의 값의 범위는?

 **핵심예제 03**

함수 $f(x) = x^3 - \dfrac{3}{2}(a-1)x^2 - 3ax + 2$ 가 극값을 갖지 않을 때, a 의 값은? (단, a 는 실수)

 **핵심예제 04**

함수 $f(x) = ax + \sin x$ 가 극값을 갖지 않을 때, a 의 값의 범위를 구하여라.

최대최소

(1) 구간 $[a, b]$에서 연속인 함수 $f(x)$의 최댓값, 최솟값

　① 구간에서의 모든 극댓값과 극솟값을 구한다.

　② 구간의 양끝 값에서의 함숫값인 $f(a)$, $f(b)$를 구한다.

　③ 모든 극댓값과 $f(a)$, $f(b)$ 중 가장 큰 값이 최댓값이고,

　　모든 극솟값과 $f(a)$, $f(b)$ 중 가장 작은 값이 최솟값이다.

(2) 극값이 하나만 존재할 때의 최대최소

　　함수가 주어진 구간에서 연속이고, 그 구간에서 극값이 하나만 존재할 때,

　그것이 극소이면 극솟값이 최솟값이고, 극대이면 극댓값이 곧 최댓값이다.

Let's go further

01 문장 또는 도형으로 된 최대, 최소의 응용문제는 다음의 순서대로 해결한다.

　(1) 가장 간단히 식을 세울 수 있도록 변수 x, y를 설정한다.

　(2) 넓이 또는 부피 등 구하는 대상에 대한 식을 세운다.

　(3) 출제자가 제시한 조건 또는 관계(닮음 등)를 이용하여 변수를 하나로 통일한다.

　(4) 숨겨진 변역을 찾아내고, 구간의 경곗값에서의 함숫값과 극값의 대소를 비교한다.

　　물론 그래프를 그려도 좋다.

 **핵심예제 01**

함수 $y = x \ln x - 2x \, (1 \le x \le e^2)$의 최댓값과 최솟값을 구하여라.

 **핵심예제 02**

함수 $f(x) = a(x - \sin 2x)$ 의 구간 $0 \le x \le \dfrac{\pi}{2}$ 에서의 최댓값이 π가 될 때, 양수 a의 값은?

 **핵심예제 03**

삼차함수 $f(x)$의 도함수 $f'(x)$에 대하여 $y = f'(x)$의 그래프가 그림과 같을 때 닫힌구간 $[-2, 2]$에서 함수 $f(x)$의 최댓값은?

① $f(-2)$ ② $f(-1)$

③ $f(0)$ ④ $f(1)$ ⑤ $f(2)$

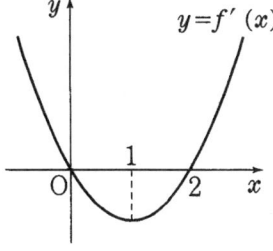

핵심예제 04

밑면의 반지름의 길이가 $6\,\mathrm{cm}$, 높이가 $12\,\mathrm{cm}$인 직원뿔에 내접하는 직원기둥의 최대 부피는?

① $36\pi\,\mathrm{cm}^3$ ② $42\pi\,\mathrm{cm}^3$ ③ $48\pi\,\mathrm{cm}^3$ ④ $64\pi\,\mathrm{cm}^3$ ⑤ $72\pi\,\mathrm{cm}^3$

곡선의 요철

(1) 곡선의 요철 판정

곡선 $y = f(x)$가 어떤 구간에서 항상
$f''(x) > 0$이면 곡선 $y = f(x)$는 그 구간에서 아래로 볼록하다. 또,
$f''(x) < 0$이면 곡선 $y = f(x)$는 그 구간에서 위로 볼록하다.

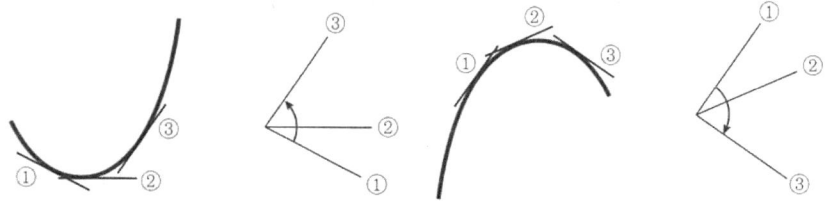

(2) 변곡점

곡선 $y = f(x)$에서 $f''(a) = 0$이고 $x = a$의 좌우에서 $f''(x)$의 부호가 변하면 점 $(a, f(a))$는 변곡점이다. 특히, 삼차함수의 그래프는 변곡점에 대하여 점대칭이며 변곡점은 극대점과 극소점의 중점이다.

Let's go further

함수의 그래프의 개형을 그릴 때는 함수의 정의역과 치역, 함수의 증가·감소, 극대·극소, x절편과 y절편, (x축, y축, 원점에 대한)대칭성, 주기성, 점근선$\left(\lim\limits_{x \to \infty} f(x), \lim\limits_{x \to -\infty} f(x) \right)$, 요철, 변곡점 등을 알아본다.

01 점근선을 구하는 방법

(1) $\lim\limits_{x \to a+0} |f(x)| = \infty$ 또는 $\lim\limits_{x \to a-0} |f(x)| = \infty$ ⇔ 직선 $x = a$가 점근선

(2) $\lim\limits_{x \to \infty} f(x) = a$ 또는 $\lim\limits_{x \to -\infty} f(x) = a$ ⇔ 직선 $y = a$가 점근선

(3) $y = f(x)$의 그래프의 x절편은 반드시 $y = \dfrac{1}{f(x)}$의 그래프의 수직점근선이다.

역도 성립한다.
ⓔ $f(x) = x$
ⓔ $f(x) = x^2$

 **핵심예제 01**

$y = \dfrac{1}{x}\ln x \ (x > 0\,)$의 변곡점의 좌표를 구하여라.

 **핵심예제 02**

곡선 $y = x^2 + a\sin x$가 변곡점을 갖지 않을 때 정수 a의 개수는?

핵심예제 03

함수 $f(x) = x + \sin x$ $(0 \le x \le 2\pi)$의 그래프에 대한 다음 설명 중 옳지 않은 것을 모두 고르면? (정답 2개)

① 최댓값과 최솟값의 차는 2π이다.

② 점 (π, π)는 변곡점이다.

③ 극댓값은 π이다.

④ 평균값의 정리 $f(\pi) = f(0) + \pi f^{'}(\theta)$에서 $\theta = \dfrac{\pi}{2}, \dfrac{3}{2}\pi$

⑤ $f(x)$는 단조증가함수이다.

핵심예제 04

다음 함수의 그래프를 그려라.

(1) $y = e^{-\frac{x^2}{2}}$

(2) $y = \dfrac{\ln x}{..}$

방정식과 미분

(1) x에 대한 방정식 $\mathrm{F}(x, m)=0$의 실근의 개수 또는 범위를 m에 따라 분류하는 문제에서
  ① $\mathrm{F}(x, m)=0 \rightarrow f(x)=g(x, m)$
  ② 미분법을 이용하여 $f(x)$의 그래프를 그린다.
  ③ m을 변화시키면서 $g(x, m)$과 $f(x)$와의 교점을 파악한다.

(2) 3차방정식 $f(x)=ax^3+bx^2+cx+d=0\ (a>0)$에서,
  $f'(x)=3ax^2+2bx+c=0$의 서로 다른 두 실근을 α, β라 하면
  즉, 삼차함수 $y=f(x)$가 $x=\alpha, \beta\,(\alpha<\beta)$에서 극값을 가질 때
  ① $f(\alpha)f(\beta)<0 \Leftrightarrow$ (극댓값)×(극솟값) <0
   $\Rightarrow f(x)=0$은 서로 다른 세 실근
  ② $f(\alpha)f(\beta)=0 \Leftrightarrow$ (극댓값)×(극솟값) $=0$
   $\Rightarrow f(x)=0$은 2중근 한 개와 다른 한 실근
  ③ $f(\alpha)f(\beta)>0 \Leftrightarrow$ (극댓값)×(극솟값) >0
   $\Rightarrow f(x)=0$은 한 개의 실근과 서로 다른 두 허근

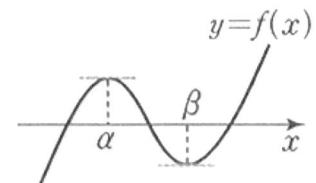 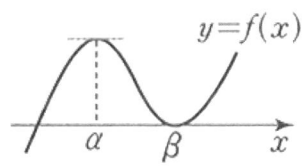 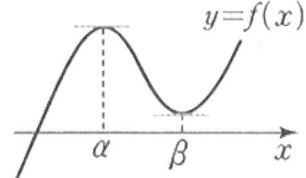

Let's go further

01 방정식의 실근
  (1) 방정식 $f(x)=0$의 실근
   $\Leftrightarrow$ 함수 $y=f(x)$의 그래프와 x축과의 교점의 x좌표
  (2) 방정식 $f(x)=g(x)$의 실근
   $\Leftrightarrow$ 함수 $y=f(x)$와 $y=g(x)$의 그래프의 교점의 x좌표

02 방정식의 실근의 개수와 함수의 그래프
  (1) 방정식 $f(x)=0$의 실근의 개수는 $y=f(x)$의 그래프와 x축과의 교점의 개수와 같다.

(2) 방정식 $f(x) = g(x)$의 실근의 개수는 두 함수 $y = f(x)$와 $y = g(x)$의 그래프의 교점의 개수와 같다.

03 삼차함수가 극값을 가지지 않을 때 삼차방정식의 실근은 다음과 같다.

삼차방정식 $f(x) = 0$에 대하여 이차방정식 $f'(x) = 0$의 판별식을 D라 하면,

(1) D = 0일 때

   1) $f'(\alpha) = 0$인 α에 대하여 $f(\alpha) \neq 0$이면 $f(x) = 0$은 한 실근과 서로 다른 두 허근을 가진다. (극값이 없으면서 x축에 접하지 않는다.)

   2) $f'(\alpha) = 0$인 α에 대하여 $f(\alpha) = 0$이면 $f(x) = 0$은 서로 같은 세 실근을 가진다. 즉, 삼중근을 가진다. (극값을 갖지 않으면서 x축에 접한다.)

(2) D < 0일 때

   $f(x) = 0$은 한 실근과 두 허근을 가진다.

memo

 **핵심예제 01**

삼차방정식 $2x^3 - 9x^2 + 12x + p = 0$이 다음과 같은 근을 가질 실수 p의 조건을 구하여라.

(1) 서로 다른 세 실근   (2) 중근과 한 실근   (3) 한 실근과 두 허근

 **핵심예제 02**

방정식 $2x^3 - 3x^2 - 12x + a = 0$의 하나의 음 근과 서로 다른 두 개의 양 근을 갖도록 하는 a의 값의 범위는?

① $-7 < a < 0$ ② $0 < a < 7$ ③ $-7 < a < 20$

④ $0 < a < 20$ ⑤ $7 < a < 20$

 **핵심예제 03**

구간 $(1,\ e^2)$에서 방정식 $x = 3\ln x$ 의 실근의 개수를 구하여라.

 **핵심예제 04**

x의 방정식 $\dfrac{\ln x}{x} = kx$ 가 서로 다른 두 실근을 가질 때, k의 값의 범위를 구하여라.

Lec.38 부등식과 미분에 관한 교과서 속 주개념

 부등식과 미분

(1) $f(x) > 0$의 증명

함수 $y = f(x)$의 그래프에서 도함수를 이용하여 최솟값을 찾아

(최솟값) $>$ 0임을 보인다.

(2) $f(x) > g(x)$의 증명

함수 $h(x) = f(x) - g(x)$의 그래프에서 도함수를 이용하여 최솟값을 찾아

(최솟값) $>$ 0임을 보인다.

Let's go further

01 구간 (a, ∞)에서 부등식 $f(x) > 0$임을 증명하려면 (1), (2) 중 하나를 보이면 된다.

(1) $x > a$에서 $f(x)$의 최솟값이 양인 것을 보인다.

(2) 최솟값을 구할 수 없을 때는 $x > a$에서 $f(x)$가 단조증가함수이고, $f(a) \geqq 0$임을 보인다.

다시 말해서, $f'(x) > 0$, $f(a) \geqq 0$임을 보인다.

02 구간 (a, ∞)에서 부등식 $f(x) < 0$임을 증명할 때도 (1), (2) 중 하나를 보인다.

(1) $x > a$에서 $f(x)$의 최댓값이 음인 것을 보인다.

(2) $x > a$에서 $f(x)$가 단조감소함수이고, $f(a) \leqq 0$임을 보인다.

즉, $f'(x) < 0$, $f(a) \leqq 0$임을 보인다.

03 $a \leqq x \leqq b$인 모든 x_1, x_2에 대하여 부등식 $f(x_1) > g(x_2)$이 성립할 조건

$\Rightarrow$ x의 정의역 $a \leqq x \leqq b$에서 $f(x)$의 최솟값 $>$ $g(x)$의 최댓값

핵심예제 01

두 함수 $f(x) = x^3 + x^2 - 2x$, $g(x) = x^2 + x + k$ 가 임의의 양수 x에 대하여 $f(x) \geq g(x)$를 성립하도록 하는 k의 최댓값은?

핵심예제 02

$x > 0$일 때, $x > \ln(1+x)$가 성립함을 증명하여라.

핵심예제 03

모든 실수 x에 대하여 부등식 $\sin 2x + 2\sin x \leq a$를 만족시키는 실수 a의 최솟값은?

① 2 ② $\dfrac{3\sqrt{3}}{2}$ ③ $2\sqrt{3}$ ④ $3\sqrt{3}$ ⑤ $4\sqrt{3}$

핵심예제 04

두 함수 $f(x) = x^4 + x^2 - 6x$, $g(x) = -2x^2 - 8x + a$일 때, 임의의 두 실수 x_1, x_2에 대하여 $f(x_1) \geqq g(x_2)$가 성립하도록 하는 실수 a의 최댓값을 구하여라.

Lec.39 시간에 대한 변화율 : 직선운동에 관한 교과서 속 주개념

 속도와 가속도 : 직선운동

직선 위를 움직이는 동점 P의 시각 t에서의 좌표 x가 변위함수 $x = f(t)$로 주어질 때, 동점 P의 시각 t에서의 속도 v와 속력 $|v|$, 가속도 a와 가속도의 크기 $|a|$ 는

(1) $v = \dfrac{dx}{dt} = \lim_{\triangle t \to 0} \dfrac{\triangle x}{\triangle t} = \lim_{\triangle t \to 0} \dfrac{f(t + \triangle t) - f(t)}{\triangle t} = f'(t)$

   $\therefore \ |v| = |f'(t)|$

(2) $a = \lim_{\triangle t \to 0} \dfrac{\triangle v}{\triangle t} = \dfrac{dv}{dt} = v'(t) = f''(t) = \dfrac{d^2 x}{dt^2}$

   $\therefore \ |a| = |f''(t)|$

 시간에 대한 변화율

시간에 따른 양(길이, 넓이, 부피 등)의 변화율을 묻는 문제에서는,

(1) 먼저 변수, 상수를 설정한다.

(2) 각 변수간의 t초 후의 관계식을 결정한다.

(3) 위의 관계식을 시간 t에 대해 미분하되, 모든 변수는 t의 함수로 간주하여, 연쇄법칙(합성함수의 미분법)을 적용한다.

(4) 주어진 조건을 대입한다.

Let's go further

 **핵심예제 01**

수직선 위를 움직이는 점 P의 시각 t에서의 좌표가 $x = t^3 - 3t^2 - 9t + 2$일 때, 다음 물음에 답하여라.

(1) $t = 6$에서의 속도를 구하여라.

(2) 점 P가 처음으로 운동방향을 바꾸는 시각을 구하여라.

 **핵심예제 02**

직선궤도를 달리던 기차가 제동을 건 후 t초 지난 후의 속도를 $v(t)$ (m/초)라 할 때, $v(t) = 20 - 10t$인 관계가 성립한다고 한다. 이 때, 다음 물음에 답하여라.

(1) 제동을 건 후 정지할 때까지 걸린 시간을 구하여라.

(2) 제동을 건 후의 가속도를 구하여라.

 **핵심예제 03**

투수가 야구공을 지면에서 처음 속도 24.5 (m/초)로 똑바로 위를 향하여 던졌을 때, 야구공의 t초 후의 높이를 h m라 하면 $h = 24.5t - 4.9t^2$의 관계가 성립한다고 한다. 이 때, 다음 물음에 답하여라.

(1) 던지고 나서 2초 후 야구공의 속도를 구하여라.

(2) 야구공이 최고점에 도달할 때까지 걸리는 시간을 구하여라.

 **핵심예제 04**

지상에서 처음 속도 20 m/초로 똑바로 위로 던진 물체의 t초 후의 높이 $h = 30t - 5t^2$이다.
이 물체가 지상에 떨어질 때의 속도는? (단, 단위는 m/초)

① 10 　　　　　 ② 20 　　　　　 ③ -10 　　　　　 ④ -20 　　　　　 ⑤ -30

 **핵심예제 05**

신장 160cm인 사람이 4m 높이의 가로등의 바로 밑에서부터 일직선 위를 매초 0.5m의 속력으로 걸어갈 때, 다음을 구하여라.

(1) 땅에 대한 그림자 끝의 속력

(2) 그림자 길이의 변화율

 **핵심예제 06**

반지름의 길이가 10cm인 구가 있다. 매초 0.2cm의 비율로 반지름의 길이가 증가할 때, 5초 후의 겉넓이의 변화율은? (단, 단위는 $cm^2/$초)

① 16.6π ② 16.8π ③ 17.2π ④ 17.6π ⑤ 18π

속도와 가속도 : 평면운동

평면 위를 움직이는 동점 P의 시각 t에서의 좌표가 $(x, y) = (f(t), g(t))$로 주어질 때,

(1) 속도 $\vec{v} = (v_x, v_y) = \left(\dfrac{dx}{dt}, \dfrac{dy}{dt} \right) = (f'(t), g'(t))$

(2) 시각 t에서의 접선이 x축의 양의 방향과 이루는 각을 θ라 하면,

$$\tan \theta = \frac{g'(t)}{f'(t)} = \frac{v_y}{v_x} = \frac{\dfrac{dy}{dt}}{\dfrac{dx}{dt}} = \frac{dy}{dx}$$

인 바, 즉 속도의 방향은 점 P가 움직이는 곡선의 접선 방향이다.

(3) 속력 $|\vec{v}| = \sqrt{v_x{}^2 + v_y{}^2} = \sqrt{\left(\dfrac{dx}{dt} \right)^2 + \left(\dfrac{dy}{dt} \right)^2} = \sqrt{(f'(t))^2 + (g'(t))^2}$

(4) 가속도 $\vec{a} = (a_x, a_y) = \left(\dfrac{dv_x}{dt}, \dfrac{dv_y}{dt} \right) = \left(\dfrac{d^2x}{dt^2}, \dfrac{d^2y}{dt^2} \right) = (f''(t), g''(t))$

(5) 가속도의 크기 $|\vec{a}| = \sqrt{\left(\dfrac{d^2x}{dt^2} \right)^2 + \left(\dfrac{d^2y}{dt^2} \right)^2} = \sqrt{\{f''(t)\}^2 + \{g''(t)\}^2}$

Let's go further

01 평면 위의 점의 운동은 시각 t를 매개변수로 하는 함수 $x = f(t)$, $y = g(t)$로 주어진다.

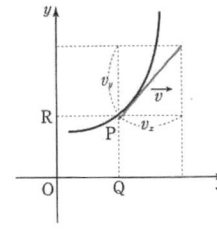 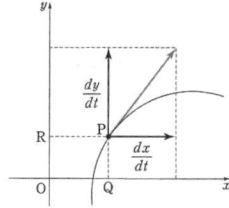 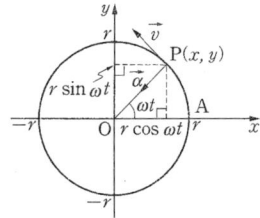

02 점 $A(r, 0)$을 출발하여 반지름이 r인 원 O의 둘레 위를 운동하는 점 P에 대하여, 동경 OP가 매초 각 ω의 각속도로 회전할 때, 시각 t에서의 P의 위치를 (x, y)라고 하면 $x = r \cos \omega t$, $y = r \sin \omega t$로 주어진다.

(1) 점 P의 시각 t에서의 속도의 성분 : $\vec{v} = (-r\omega \sin \omega t, r\omega \cos \omega t)$

(2) 점 P의 시각 t에서의 속력 : $|\vec{v}| = r\omega$

(3) 점 P의 시각 t에서의 가속도의 성분 : $\vec{a} = (-r\omega^2 \cos \omega t, -r\omega^2 \sin \omega t)$

(4) 점 P의 시각 t에서의 가속도의 크기 : $|\vec{a}| = r\omega^2$

(5) $\vec{v}$와 $\vec{a}$는 수직이다.

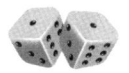 **핵심예제 01**

식 $x = 10t$, $y = 6t - 3t^2$ 으로 표시된 운동에서 $t = 2$일 때의 속력 및 가속도의 크기를 구하시오.

 **핵심예제 02**

평면 위를 움직이는 점 P의 시각 t에서의 좌표 (x, y)가 $x = 4\cos t, y = 2\sin t$ 로 주어질 때, 다음을 구하여라.

(1) 시각 t에서의 속도

(2) 시각 t에서의 가속도

(3) $t = \dfrac{\pi}{3}$에서의 속력

(4) $t = \dfrac{\pi}{3}$에서의 가속도의 크기

 **핵심예제 03**

시각 t에서 점 P의 좌표 (x, y)가 $x = \cos 2t$, $y = \sin 2t$와 같을 때, 점 P에 대한 다음 보기의 설명 중 옳은 것을 모두 고른 것은?

보기

ㄱ. 시각에 관계없이 속력은 항상 일정하다.
ㄴ. 시각에 관계없이 가속도의 크기는 항상 일정하다.
ㄷ. 가속도의 크기와 속력이 같아질 때도 있다.

① ㄱ   ② ㄱ, ㄴ   ③ ㄱ, ㄷ   ④ ㄴ, ㄷ   ⑤ ㄱ, ㄴ, ㄷ

 **핵심예제 04**

시각 t에서의 점 $P(x, y)$의 좌표가 $x = 3t$, $y = -2t^2 + 4t$ 로 주어질 때, P의 속력이 최소가 될 때의 P의 좌표는?

① $(3, 2)$ ② $(2, 3)$ ③ $(6, 0)$ ④ $(0, 6)$ ⑤ $(1, 5)$

핵심예제 05

점 P의 시각 t에서의 위치가 $x = r(t - \sin t)$, $y = r(1 - \cos t)(r > 0)$일 때, 시각 $t = \pi$에서의 가속도의 크기를 구하시오.

핵심예제 06

좌표평면 위를 움직이는 점 $P(x,\ y)$의 시각 t에서의 위치는 다음 식으로 주어진다.

$$\begin{cases} x = a(t - \sin t) \\ y = a(1 - \cos t) \end{cases} (a > 0)\ (0 \le t \le 2\pi)$$

점 P의 속도의 크기가 최대로 되는 P의 위치와 그 때의 속도를 구하시오.

 **memo**

memo

 **memo**

정답

정답
및
해설

 **핵심예제 01**

$\dfrac{1}{x-1} - \dfrac{a}{x+1} = \dfrac{3x}{x^2-1}$ 의 양변에 x^2-1 을

곱하면 $x+1-a(x-1)=3x$ 이고 동류항을

정리하면

$\therefore (a+2)x = a+1$

(i) $a = -2$ 이면

$\quad 0 \cdot x = -1$ 이므로 해가 없다.

(ii) $a \neq -2$ 이면

$\quad x = \dfrac{a+1}{a+2}$ 이고 방정식의 해가 없어야

하므로 $x = \dfrac{a+1}{a+2}$ 이 무연근이어야 한다.

즉, $\dfrac{a+1}{a+2} = 1$ 또는 $\dfrac{a+1}{a+2} = -1$

따라서 $a+1 = a+2$ 또는

$a+1 = -a-2$

$\therefore a = -\dfrac{3}{2}$

(i), (ii)에서 구하는 상수 a 의 개수는

$a = -2,\ a = -\dfrac{3}{2}$ 으로 2개이다.

 **핵심예제 02**

주어진 식의 양변에 분모의 최소공배수

$x(x+a)$ 를 곱하여 정리하면

$x^2 - x - a = 0 \ \cdots \ \bigcirc$

(i) $\bigcirc$ 이 중근을 가지는 경우

$\quad$ D $= 1 + 4a = 0$ 에서 $a = -\dfrac{1}{4}$ 이다. 이 때,

$\quad x = \dfrac{1}{2}$ 이고 이것은 주어진 식의 분모를

$\quad$ 0 으로 하지 않는다.

(ii) $x = 0$ 이 $\bigcirc$ 의 근인 경우 $a = 0$ 에서 $x = 0$

$\quad$ 또 는 1이다. 이 때, $x = 1$ 만이 주어진

$\quad$ 식의 실근이 된다.

(iii) $x = -a$ 가 $\bigcirc$ 의 근인 경우 $a^2 = 0$ 에서

$\quad a = 0$ 이고, (ii)에서 $x = 1$ 이다.

$\quad$ 따라서 구하는 a 의 값의 합은

$\quad -\dfrac{1}{4} + 0 = -\dfrac{1}{4}$ 이다.

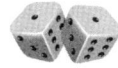 **핵심예제 03**

양변에 $(x-1)(x+1)$ 을 곱하면

$x(x+1) + x(x-1) = 2x + a$

이를 정리하면 $2x^2 - 2x - a = 0 \ \cdots \ \textcircled{1}$

먼저 서로 다른 두 실근을 가지므로

판별식 D$/4 = 1 + 2a > 0$ 에서 $a > -\dfrac{1}{2} \ \cdots \ \textcircled{2}$

또 ②가 $x = 1$ 을 근으로 가지면 무연근이

되어서 서로 다른 두 실근을 갖지 못하므로

①에 $x = 1$ 을 대입하면 성립하지 않아야 한다.

$\therefore 2 - 2 - a \neq 0$ 즉, $a \neq 0 \ \cdots \ \textcircled{3}$

또 ②가 $x = -1$ 을 근으로 가지면 무연근이

되어서 서로 다른 두 실근을 갖지 못하므로

①에 $x = -1$ 을 대입하면 성립하지 않아야

한다.

$\therefore 2 + 2 - a \neq 0$ 즉, $a \neq 4 \ \cdots \ \textcircled{4}$

②, ③, ④에서

$-\dfrac{1}{2} < a < 0,\quad 0 < a < 4,\quad a > 4$

 **핵심예제 04**

$\dfrac{f(x)}{g(x)} = 1 \Leftrightarrow f(x) = g(x), \; g(x) \neq 0$

따라서 주어진 방정식의 근은
$y = f(x), \; y = g(x)$ 의 두 그래프의 교점
중에서 $g(x) \neq 0$ 인 점이다.

주어진 그래프에서 두 그래프의 교점의 x좌표는
$-4, -1, 5$인데 $x = -1$은 $g(x) = 0$으로 하는
값이므로 무연근이다. 따라서 구하는 방정식의
근은 $x = -4, 5$이므로 모든 근의 합은 1이다.

Lec.02

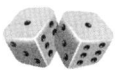 **핵심예제 01**

$\sqrt{x+5} = \sqrt{2x+3} + 1$ 의 양변을 제곱하면
$x + 5 = 2x + 3 + 2\sqrt{2x+3} + 1$이고,
$1 - x = 2\sqrt{2x+3}$ 이다.

다시 양변을 제곱하면 $1 - 2x + x^2 = 4(2x+3)$
이고 동류항을 정리하면
$x^2 - 10x - 11 = 0$이다.
$\therefore \; (x-11)(x+1) = 0$
$\therefore \; x = 11$ 또는 $x = -1$

그런데 $x = 11$은 주어진 무리방정식을
만족시키지 않으므로 무연근이다.
따라서 구하는 해는 $x = -1$

 **핵심예제 02**

$\sqrt{x^2 + 2x - 2} = t \, (t \geq 0)$ 로 놓으면
$x^2 + 2x - 2 = t^2$이고 $x^2 + 2x = t^2 + 2$이다.
따라서 주어진 방정식은 $(t^2 + 2) + t = 4$이다.
이제 $t^2 + t - 2 = 0, \; (t+2)(t-1) = 0$에서
$\therefore \; t = -2$ 또는 $t = 1$
그런데 $t \geq 0$이므로 $t = 1$
$\therefore \; \sqrt{x^2 + 2x - 3} = 1$

양변을 제곱하여 정리하면 $x^2 + 2x - 3 = 0$에서
$(x+3)(x-1) = 0$
$\therefore \; x = -3$ 또는 $x = 1$

이 때, $x = -3$과 $x = 1$은 모두 주어진
무리방정식을 만족하므로
$\alpha^2 + \beta^2 = (-3)^2 + 1^2 = 10$

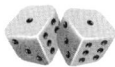 **핵심예제 03**

양변을 제곱하면 $2x - 3 = x^2 - 6x + 9$
$\therefore \; (x-2)(x-6) = 0$
$\alpha = 6, \; \beta = 2$이므로 $\alpha - \beta = 4$이다.

 **핵심예제 04**

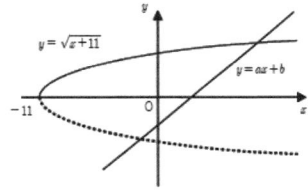

그림에 의하면 교점 중 제 1사분면의 것은 $(5,$
$4)$이고, 점선과의 교점은 무연근으로부터 $(-2,$
$-3)$이다. 즉, 직선 $y = ax + b$는 두 점 $(5, 4),$
$(-2, -3)$을 지나므로 $y = x - 1$ 이다.
즉, $a = 1, \; b = -1$ 구하고자 하는 답은
$1 - (-1) + (-2) - (-3) = 3$이다.

Lec.03

핵심예제 01

(1) 주어진 방정식이 실근을 가지려면 두 함수 $y=\sqrt{x-3}$, $y=mx+1$의 그래프가 만나야 한다.

이 때, 직선 $y=mx+1$은 m의 값에 관계없이 항상 점 $(0,\ 1)$을 지난다.

주어진 방정식의 양변을 제곱하여 정리하면 $m^2x^2+(2m-1)x+4=0$이고,

$D=(2m-1)^2-16m^2=0$에서 $12m^2+4m-1=0$이므로

$(2m+1)(6m-1)=0$에서

$\therefore m=-\dfrac{1}{2}$ 또는 $m=\dfrac{1}{6}$

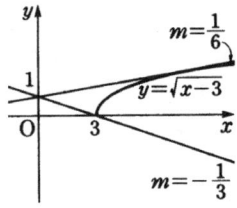

그림에서 $m=\dfrac{1}{6}$일 때, 두 함수의 그래프가 접한다. 또, 직선 $y=mx+1$이 점 $(3,\ 0)$을 지날 때, $m=-\dfrac{1}{3}$이므로 주어진 방정식이 실근을 가질 조건은

$-\dfrac{1}{3}\le m\le\dfrac{1}{6}$

따라서 실수 m의 최댓값과 최솟값의 합은

$\dfrac{1}{6}+\left(-\dfrac{1}{3}\right)=-\dfrac{1}{6}$

(2) 두 그래프 $y=\sqrt{1-x^2}$ 과 $y=2x+a$ 의 교점이 존재해야 하므로 $-2\le a\le\sqrt{5}$

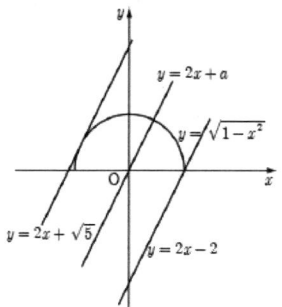

핵심예제 02

한붓선생의 강의를 들으세요. 한붓선생의 강의는 ipTV 스마트교육방송에서 olleh kt ch.159, LG U+ ch.165, SK Btv ch.455를 통하여 시청할 수 있으며 www.iptvstudy.co.kr에서 녹화방송을 수강할 수 있습니다.

핵심예제 03

먼저 3을 좌변으로 이항하면

$2f(x)-3=\sqrt{f(x)}$ … ①이다.

단, $f(x)\ge\dfrac{3}{2}$

양변을 제곱하여 정리하면

$4\{f(x)\}^2-13f(x)+9=0$ 이고,

이를 인수분해하면 $\{4f(x)-9\}\{f(x)-1\}=0$

따라서 $f(x)=\dfrac{9}{4},\ 1$

①에서 $f(x)\ge\dfrac{3}{2}$ 이므로 $f(x)=\dfrac{9}{4}$

이제, 문제에서 주어진 $y=f(x)$ 의 그래프와 상수함수 $y=\dfrac{9}{4}$의 교점을 세면 그 개수는 3개다.

 **핵심예제 04**

한붓선생의 강의를 들으세요. 한붓선생의 강의는 ipTV 스마트교육방송에서 olleh kt ch.159, LG U+ ch.165, SK Btv ch.455를 통하여 시청할 수 있으며 www.iptvstudy.co.kr에서 녹화방송을 수강할 수 있습니다.

Lec.04

 **핵심예제 01**

(i) $2x^3 + 9x^2 + 9x \leq 0$,

$x(2x+3)(x+3) \leq 0$

$\therefore x \leq -3, \ -\dfrac{3}{2} \leq x \leq 0 \ \cdots \ \bigcirc$

(ii) $x^3 + 5x^2 + 8x + 4 \geq 0$,

$(x+1)(x+2)^2 \geq 0$

$\therefore x \geq -1, \ x = -2 \ \cdots \ \bigcirc$

$\bigcirc$, $\bigcirc$을 수직선 위에 나타내면 다음과 같다.

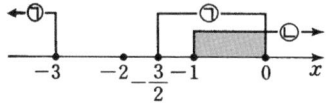

따라서 구하는 x의 범위는 $-1 \leq x \leq 0$

 **핵심예제 02**

$f(x) = x^3 - 6x^2 + ax - 6$ 으로 놓으면 방정식

$f(x) = 0$의 해가 $x = 1, b, c$이므로

$f(1) = 1 - 6 + a - 6 = 0$ 에서 $a = 11 \ \cdots \ \bigcirc$

$\bigcirc$을 주어진 부등식에 대입하면

$x^3 - 6x^2 + 11x - 6 < 0$,

$(x-1)(x-2)(x-3) < 0$

따라서 오른쪽 그림에 주어진 부등식의 해는

$x < 1, \ 2 < x < 3$

$\therefore b = 2, \ c = 3 \ \therefore a - b - c = 11 - 2 - 3 = 6$

 **핵심예제 03**

$f(x) = (x+1)^2(x-2)(x-3)$의 그래프는 아래 그림과 같으므로

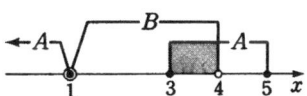

부등식 $(x+1)^2(x-2)(x-3) \leq 0$의 해는

$x = -1$ 또는 $2 \leq x \leq 3$

따라서 구하는 정수 x는 $-1, 2, 3$으로 3개이다.

 **핵심예제 04**

부등식 $(x-1)(x-3)(x-5) \leq 0$의 해는

$x \leq 1$ 또는 $3 \leq x \leq 5$

$\therefore A = \{x \,|\, x \leq 1$ 또는 $3 \leq x \leq 5\}$

이차방정식 $x^2 + px + q = 0$의 두 근을

$\alpha, \beta \,(\alpha < \beta)$라 하면

$x^2 + px + q = (x-\alpha)(x-\beta) < 0$

$\therefore B = \{x \,|\, x^2 + px + q < 0\} = \{x \,|\, \alpha < x < \beta\}$

$A \cup B = \{x \,|\, x \leq 5\}$,

$A \cap B = \{x \,|\, 3 \leq x < 4\}$이기

위해서는 아래 그림과 같아야 하므로

$B = \{x \,|\, 1 < x < 4\} = \{x \,|\, (x-1)(x-4) < 0\}$

$= \{x \,|\, x^2 - 5x + 4 < 0\}$

따라서 $p = -5, \ q = 4$이므로 $p + q = -1$

핵심예제01

(1) $-1 < x \leq 1,\ 3 < x \leq 7$

(2) $x < -1$ 또는 $x > 4$

(3) $-2 \leq x < 0$

핵심예제02 $x < -1,\ 0 < x < 2$

핵심예제03 37

핵심예제04 ④

핵심예제 01

(1) 좌변을 우변으로 이항하여 분모를 통분하면

$$\frac{4}{x+1} - 1 + \frac{2}{x-3} \geq 0$$

$$\frac{4(x-3) - (x+1)(x-3) + 2(x+1)}{(x+1)(x-3)} \geq 0$$

$$\frac{-x^2 + 8x - 7}{(x+1)(x-3)} \geq 0$$

$$\therefore \frac{(x-1)(x-7)}{(x+1)(x-3)} \leq 0$$

여기서 분모의 제곱을 양변에 곱하면

$(x-1)(x-7)(x+1)(x-3) \leq 0$

분모가 0이 되어서는 안 되므로

$\therefore\ x \neq -1,\ x \neq 3$

사차함수의 그래프를 이용하여 해를 구하면

$\therefore\ -1 < x \leq 1,\ 3 < x \leq 7$

(2) $x^2 - x + 1 = (x - \frac{1}{2})^2 + \frac{3}{4} > 0$

즉, 분모가 항상 양수이므로 양변에

$x^2 - x + 1$을 곱하여도 부등호의 방향은

변하지 않는다.

양변에 $x^2 - x + 1$를 곱하면

$x^2 + x + 6 < 2x^2 - 2x + 2$

이것을 이항하고 인수분해

하면 $(x-4)(x+1) > 0$

따라서 구하는 해는 $x < -1$ 또는 $x > 4$

(3) 주어진 부등식은 두 부등식 $\frac{3x}{x-1} > 0 \cdots$

(ㄱ)과 $\frac{3x}{x-1} \leq 2 \cdots$ (ㄴ)을 동시에 만족하는

x의 범위를 구하면 된다.

(ㄱ)은 $3x(x-1) > 0$이므로

$x < 0$ 또는 $x > 1 \cdots$ ①

(ㄴ)은 이항해서 통분하면

$$\frac{3x}{x-1} - \frac{2x-2}{x-1} \leq 0$$

$$\therefore\ \frac{x+2}{x-1} \leq 0$$

$$\therefore\ (x+2)(x-1) \leq 0$$

$x \neq 1$이므로 $-2 \leq x < 1 \cdots$ ②

이제 ①, ②를 동시에 만족하는 x의 범위는

$-2 \leq x < 0$ 이다.

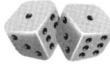

핵심예제 02

$x^2 + 2x + 4 > 0$이고,

$x^3 + 1 = (x+1)(x^2 - x + 1)$

에서 $x^2 - x + 1 > 0$이므로 주어진 부등식은

$$\frac{x(x-2)(x^2 + 2x + 4)}{(x+1)(x^2 - x + 1)} < 0$$

$$\Rightarrow \frac{x(x-2)}{x+1} < 0$$이다.

$\therefore\ x(x-2)(x+1) < 0$

$\therefore\ x < -1,\ 0 < x < 2$

핵심예제 03

(준식) $\Leftrightarrow x \neq 5,\ (x-2)(x-10) < 0$

$\therefore\ x \neq 5,\ 2 < x < 10$

부등식을 만족하는 정수는 3, 4, 6, 7, 8,

9이다.

 **핵심예제 04**

$\dfrac{g(x)}{f(x)} \geq 0 \Leftrightarrow f(x)g(x) \geq 0,\ f(x) \neq 0$

(i) $f(x) > 0,\ g(x) \geq 0$ 일 때, $3 < x \leq 5$

(ii) $f(x) < 0,\ g(x) \leq 0$ 일 때, $-1 < x \leq 2$

(i), (ii)에서 분수부등식 $\dfrac{g(x)}{f(x)} \geq 0$ 의 해는

$-1 < x \leq 2$ 또는 $3 \leq x \leq 5$

Lec.06

 **핵심예제 01**

갑과 을이 만난 지점의 거리를 A에서부터
$x\,(\text{km})$라 하고, 갑의 속력을 v_1, 을의 속력을 v_2
$(v_1 > 0,\ v_2 > 0)$로 놓으면

$\dfrac{x}{v_1} = \dfrac{8-x}{v_2},\ \dfrac{x}{v_2} = 3,\ \dfrac{8-x}{v_1} = \dfrac{1}{3}$

위의 세 식을 풀면 $x = 12,\ 6$

$v_1 > 0,\ v_2 > 0$를 만족하는 것은 $x = 6$뿐이다.

따라서 $v_1 = 6,\ v_2 = 2$이다.

$\therefore\ v_1 + v_2 = 8$

 **핵심예제 02**

Jack, Jill이 각각 혼자서 이 일을 끝내는 데
x일, y일 걸리고, 두 사람이 함께 하면 a일
걸린다고 하면

$\dfrac{1}{x} + \dfrac{1}{y} = \dfrac{1}{a}\ \cdots\ \bigcirc$

$x = a + 18\ \cdots\ \bigcirc$

$y = a + 32\ \cdots\ \bigcirc$

$\bigcirc$, $\bigcirc$을 $\bigcirc$에 대입하면

$\dfrac{1}{a+18} + \dfrac{1}{a+32} = \dfrac{1}{a}\ \cdots\ \bigcirc$

$\therefore\ a(a+32) + a(a+18) = (a+18)(a+32)$

$\therefore\ a^2 = 576$

$a > 0$이므로 $a = 24$이고, 이 값은 $\bigcirc$의 분모를
0으로 하지 않으므로 $\bigcirc$의 근이다.

이 값을 $\bigcirc$에 대입하면 을이 이 일을 혼자 하는
경우 $y = 24 + 32 = 56\,(\text{일})$이 걸린다.

 **핵심예제 03**

$\text{BP} = x$라 두면, $\text{AP} = \sqrt{8 + x^2}$,

$\text{PC} = 12 - x$,

$\text{DC} = 8,\ \text{PD} = \sqrt{(12-x)^2 + 64}$ 이다.

$\text{AP} + \text{PD} = \sqrt{8 + x^2} + \sqrt{(12-x)^2 + 64} = 20$

이 식을 풀면 구하는 해는 $x = 6$이다.

 **핵심예제 04**

한붓선생의 강의를 들으세요. 한붓선생의 강의는
ipTV 스마트교육방송에서 olleh kt ch.159, LG
U+ ch.165, SK Btv ch.455를 통하여 시청할 수
있으며 www.iptvstudy.co.kr에서 녹화방송을 수
강할 수 있습니다.

 **핵심예제 05**

한붓선생의 강의를 들으세요. 한붓선생의 강의는 ipTV 스마트교육방송에서 olleh kt ch.159, LG U+ ch.165, SK Btv ch.455를 통하여 시청할 수 있으며 www.iptvstudy.co.kr에서 녹화방송을 수강할 수 있습니다.

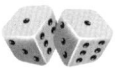 **핵심예제 06**

농도 5% 의 소금물에 들어있는 소금의 양은

$$400 \times \frac{5}{100} = 20(\text{g}) \text{ 이다.}$$

농도 2% 의 소금물을 xg 섞는다고 하면
전체 소금물의 양은 $(400+x)$g,

전체 소금의 양은 $\left(20 + \frac{2}{100}x\right)$g 이므로

$$\therefore \quad \frac{3}{100} \le \frac{20 + \frac{2}{100}x}{400+x} \le \frac{4}{100}$$

$400 + x > 0$이므로 통분하면

$$3(400+x) \le 100\left(20 + \frac{2}{100}x\right) \le 4(400+x)$$

$$\therefore \quad 200 \le x \le 800$$

 **핵심예제 07**

전체 거리를 $3l$, 달리기 구간의 속력을 시속 $a$km라고 하면 $\dfrac{l}{30} + \dfrac{l}{9} + \dfrac{l}{a} \le \dfrac{3l}{15}$, $\dfrac{1}{a} \le \dfrac{1}{18}$

$$\therefore \quad a \ge 18$$

 **핵심예제 08**

$$\frac{4}{x} + \frac{6}{x-3} \le 1 \ , \ \frac{x^2 - 13x + 12}{x(x-3)} \ge 0$$

$$x(x-1)(x-3)(x-12) \ge 0$$

$$x < 0 \ , \ 1 \le x < 3 \ , \ x \ge 12 \quad \therefore \quad x \ge 12$$

 **핵심예제 09**

한붓선생의 강의를 들으세요. 한붓선생의 강의는 ipTV 스마트교육방송에서 olleh kt ch.159, LG U+ ch.165, SK Btv ch.455를 통하여 시청할 수 있으며 www.iptvstudy.co.kr에서 녹화방송을 수강할 수 있습니다.

Lec.07

 **핵심예제 01**

θ가 제 2사분면의 각이고

$\tan\theta = -\dfrac{4}{3}$이므로 그림에서

$$\overline{\text{OP}} = \sqrt{(-3)^2 + 4^2} = \sqrt{25} = 5 \text{이므로}$$

$$\sin\theta = \frac{4}{5}, \ \cos\theta = -\frac{3}{5}$$

$$\therefore \quad \csc\theta = \frac{1}{\sin\theta} = \frac{5}{4}$$

$$\sec\theta = \frac{1}{\cos\theta} = -\frac{5}{3}$$

$$\therefore \quad \frac{3 + 6\sec\theta}{2 + 4\csc\theta} = \frac{3 + 6 \cdot \left(-\frac{5}{3}\right)}{2 + 4 \cdot \frac{5}{4}}$$

$$= \frac{3 - 10}{2 + 5} = -\frac{7}{7} = -1$$

 **핵심예제 02**

ㄱ. △OBE에서

$$\tan\theta = \frac{\overline{BE}}{\overline{OB}} = \overline{BE} \; (\because \; \overline{OB} = 1) \; (참)$$

ㄴ. △OCD에서

$$\csc\theta = \frac{1}{\sin\theta} = \frac{1}{\dfrac{\overline{CD}}{\overline{OC}}} = \frac{\overline{OC}}{\overline{CD}} = \frac{1}{\overline{CD}}$$

$(\because \; \overline{OC} = 1) \; (거짓)$

ㄷ. △OBE에서

$$\sec\theta = \frac{1}{\cos\theta} = \frac{1}{\dfrac{\overline{OB}}{\overline{OE}}} = \frac{\overline{OE}}{\overline{OB}} = \overline{OE}$$

$(\because \; \overline{OB} = 1) \; (참)$

ㄹ. $\cot\theta = \dfrac{1}{\tan\theta} = \dfrac{1}{\overline{BE}} \; (\because \; ㄱ) \; (거짓)$

 **핵심예제 03**

ㄱ. $\tan\theta + \cot\theta$

$$= \frac{\sin\theta}{\cos\theta} + \frac{\cos\theta}{\sin\theta} = \frac{\sin^2\theta + \cos^2\theta}{\cos\theta\sin\theta}$$

$$= \frac{1}{\cos\theta\sin\theta} \; (참)$$

ㄴ. $(1+\cot\theta)^2 + (1-\cot\theta)^2$

$$= (1 + 2\cot\theta + \cot^2\theta) + (1 - 2\cot\theta + \cot^2\theta)$$

$$= 2(1+\cot^2\theta) = 2\csc^2\theta \; (거짓)$$

ㄷ. $\dfrac{\cos\theta}{1+\sin\theta} + \dfrac{1+\sin\theta}{\cos\theta}$

$$= \frac{\cos^2\theta + (1+\sin\theta)^2}{\cos\theta(1+\sin\theta)}$$

$$= \frac{\cos^2\theta + \sin^2\theta + 2\sin\theta + 1}{\cos\theta(1+\sin\theta)}$$

$$= \frac{2(1+\sin\theta)}{\cos\theta(1+\sin\theta)}$$

따라서 옳은 것은 ㄱ, ㄷ이다.

 **핵심예제 04**

$\angle AOC = \angle ODA = \theta, \; \overline{OA} = 1$이므로

ㄱ. 직각삼각형 OAD에서

$$\csc\theta = \frac{\overline{OD}}{\overline{OA}} = \overline{OD}$$

ㄴ. 직각삼각형 AOC에서 $\sec\theta = \dfrac{\overline{OC}}{\overline{OA}} = \overline{OC}$

ㄷ. 직각삼각형 OAD에서 $\cot\theta = \dfrac{\overline{AD}}{\overline{OA}} = \overline{AD}$

이상에서 ㄱ, ㄴ, ㄷ 모두 옳다.

Lec.08

핵심예제01 ②
핵심예제02 ②
핵심예제03 120°
핵심예제04 ⑤

 **핵심예제 01**

삼각함수의 덧셈정리에서
$$\sin(x-y)\cos y + \cos(x-y)\sin y$$
$$= \sin(x-y+y) = \sin x$$

 **핵심예제 02**

$$\cot10° + \tan5° = \frac{\cos10°}{\sin10°} + \frac{\sin5°}{\cos5°}$$

$$= \frac{\cos10°\cos5° + \sin10°\sin5°}{\sin10°\cos5°}$$

$$= \frac{\cos(10° - 5°)}{\sin10°\cos5°}$$

$$= \frac{1}{\sin10°}$$

$$= \csc10°$$

 **핵심예제 03**

한붓선생의 강의를 들으세요. 한붓선생의 강의는 ipTV 스마트교육방송에서 olleh kt ch.159, LG U+ ch.165, SK Btv ch.455를 통하여 시청할 수 있으며 www.iptvstudy.co.kr에서 녹화방송을 수강할 수 있습니다.

 **핵심예제 04**

$$\sin(\alpha+\beta) = \frac{2+\sqrt{15}}{6},$$

$$\sin(\alpha-\beta) = \frac{2-\sqrt{15}}{6}$$

$$x^2 + \frac{a}{3}x + \frac{b}{36} = 0$$

두 근의 합 $-\dfrac{a}{3} = \dfrac{2}{3}$ $\therefore$ $a = -2$

두 근의 곱 $\dfrac{b}{36} = \dfrac{-11}{36}$ $\therefore$ $b = -11$

따라서 $ab = 22$

Lec.09

 **핵심예제 01**

한붓선생의 강의를 들으세요. 한붓선생의 강의는 ipTV 스마트교육방송에서 olleh kt ch.159, LG U+ ch.165, SK Btv ch.455를 통하여 시청할 수 있으며 www.iptvstudy.co.kr에서 녹화방송을 수강할 수 있습니다.

 **핵심예제 02**

한붓선생의 강의를 들으세요. 한붓선생의 강의는 ipTV 스마트교육방송에서 olleh kt ch.159, LG U+ ch.165, SK Btv ch.455를 통하여 시청할 수 있으며 www.iptvstudy.co.kr에서 녹화방송을 수강할 수 있습니다.

 **핵심예제 03**

두 직선이 x축의 양의 방향과 이루는 각의 크기를 각각 α, β라고 하면 $\tan\alpha = 3$, $\tan\beta = \dfrac{1}{2}$이다.

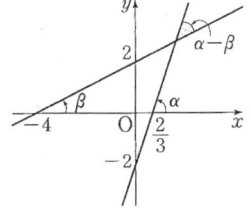

두 직선이 이루는 예각의 크기는 $\alpha - \beta$이므로

$$\tan(\alpha-\beta) = \frac{\tan\alpha - \tan\beta}{1 + \tan\alpha\tan\beta} = \frac{3 - \dfrac{1}{2}}{1 + 3\cdot\dfrac{1}{2}} = 1$$

$$\therefore \alpha - \beta = 45^\circ$$

 **핵심예제 04**

$$\tan\theta = -\left|\frac{-\dfrac{2}{3}-(-1)}{1+\left(-\dfrac{2}{3}\right)\cdot(-1)}\right| = -\left|\frac{\dfrac{1}{3}}{\dfrac{5}{3}}\right| = -\frac{1}{5}$$

$$\therefore \cot\theta = -5$$

$$\sin^2\theta = \frac{1}{\mathrm{cosec}^2\theta} = \frac{1}{1+\cot^2\theta} = \frac{1}{26} \text{이므로}$$

$$\sin\theta = \frac{1}{\sqrt{26}} = \frac{\sqrt{26}}{26}$$

$(\because 0^\circ < \theta < 180^\circ$ 에서 $\sin\theta > 0)$

 **핵심예제 01**

삼각함수를 합성하면 (준식)$= 2\sqrt{3}\sin\left(x - \dfrac{\pi}{3}\right)$

따라서 주기 $a = 2\pi$이고, 최댓값 $b = 2\sqrt{3}$,

최솟값 $c = -2\sqrt{3}$ 이다.

$\therefore abc = -24\pi$

 **핵심예제 02**

$y = 2\sqrt{3}\sin\left(x + \dfrac{\pi}{6}\right) - 4\sin x$

$= 2\sqrt{3}\left(\sin x\cos\dfrac{\pi}{6} + \cos x\sin\dfrac{\pi}{6}\right) - 4\sin x$

$= 2\sqrt{3}\left(\dfrac{\sqrt{3}}{2}\sin x + \dfrac{1}{2}\cos x\right) - 4\sin x$

$= -\sin x + \sqrt{3}\cos x$

$= 2\sin\left(x + \dfrac{2}{3}\pi\right)$

$-1 \le \sin\left(x + \dfrac{2\pi}{3}\right) \le 1$ 이므로

$-2 \le y \le 2$

$\therefore$ 최댓값 : 2, 최솟값 : -2

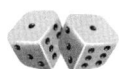 **핵심예제 03**

$f(x) = 5\sin(x + \alpha)$

$\left(\text{단, } \cos\alpha = \dfrac{4}{5}, \sin\alpha = \dfrac{3}{5}\right)$

이므로 $0 \le x < 2\pi$인 범위에서

$x + \alpha = \dfrac{\pi}{2}$일 때 최대이다.

한편, $\tan\theta = \tan\left(\dfrac{\pi}{2} - \alpha\right) = \cot\alpha$이고

$\cot\alpha = \dfrac{4}{3}$ 이므로 $3\tan\theta = 3\cdot\dfrac{4}{3} = 4$

 **핵심예제 04**

$\overline{\text{AP}} = \overline{\text{AB}}\cos\theta = 2\cos\theta$, $\overline{\text{BP}} = \overline{\text{AB}}\sin\theta = 2\sin\theta$

$\overline{\text{AP}} + \overline{\text{BP}} = 2(\sin\theta + \cos\theta)$

$= 2\sqrt{2}\left(\sin\theta\cos\dfrac{\pi}{4} + \cos\theta\sin\dfrac{\pi}{4}\right)$

$= 2\sqrt{2}\sin\left(\theta + \dfrac{\pi}{4}\right)$

$\therefore a^2 b = (2\sqrt{2})^2 \cdot \dfrac{\pi}{4} - 2\pi$

 **핵심예제 01**

(1) $\sin\alpha = \dfrac{4}{5}$ $\left(\dfrac{\pi}{2} < \alpha < \pi\right)$에서

$\cos\alpha < 0$이므로

$\cos\alpha = -\sqrt{1 - \sin^2\alpha}$

$= -\sqrt{1 - \left(\dfrac{4}{5}\right)^2} = -\dfrac{3}{5}$

$$\therefore \sin 2\alpha = 2\sin\alpha\cos\alpha$$
$$= 2 \cdot \frac{4}{5} \cdot \left(-\frac{3}{5}\right) = -\frac{24}{25}$$

한편,
$$\sin^2\frac{\alpha}{2} = \frac{1-\cos\alpha}{2} = \frac{1-\left(-\frac{3}{5}\right)}{2} = \frac{4}{5}$$
$$\therefore \sin\frac{\alpha}{2} = \sqrt{\frac{4}{5}} = \frac{2\sqrt{5}}{5}$$
$$\left(\because \frac{\pi}{4} < \frac{\alpha}{2} < \frac{\pi}{2} \text{ 이므로 } \sin\frac{\alpha}{2} > 0\right)$$

(2) $\cos\alpha = -\frac{3}{4}\left(\frac{\pi}{2} < \alpha < \pi\right)$ 에서

$$\cos 2\alpha = 2\cos^2\alpha - 1 = 2\left(-\frac{3}{4}\right)^2 - 1 = \frac{1}{8}$$

$$\cos^2\frac{\alpha}{2} = \frac{1+\cos\alpha}{2} = \frac{1-\frac{3}{4}}{2} = \frac{1}{8}$$

$\frac{\pi}{4} < \frac{\alpha}{2} < \frac{\pi}{2}$ 에서 $\cos\frac{\alpha}{2} > 0$ 이므로

$$\cos\frac{\alpha}{2} = \sqrt{\frac{1}{8}} = \frac{\sqrt{2}}{4}$$

 핵심예제 02

$\cos\alpha = \frac{4}{5}$ 이므로

$$\tan^2\frac{\alpha}{2} = \frac{1-\cos\alpha}{1+\cos\alpha} = \frac{1-\frac{4}{5}}{1+\frac{4}{5}} = \frac{1}{9}$$

$$\left(\because \frac{\alpha}{2} \text{는 제 2사분면 또는 제 4분면의 각}\right)$$
$$\therefore \tan\frac{\alpha}{2} = -\frac{1}{3}$$

 핵심예제 03

$x = \cos\theta$, $y = \sin\theta$ 로 놓으면
$$x^2 - y^2 + 2\sqrt{3}\,xy$$
$$= \cos^2\theta - \sin^2\theta + 2\sqrt{3}\cos\theta\sin\theta$$
$$= \cos 2\theta + \sqrt{3}\sin 2\theta = 2\sin\left(2\theta + \frac{\pi}{6}\right) \leq 1 \text{ 이}$$
므로 최댓값은 2이다.

핵심예제 04

$\angle PAB = \theta$ 라 하면 $\angle QAB = 2\theta$ 이다.

$\triangle ABP$ 에서 $\angle APB = 90°$ 이므로
$$\cos\theta = \frac{8}{10} = \frac{4}{5}$$

$$\cos 2\theta = 2\cos^2\theta - 1 = \frac{7}{25}$$

$\triangle AQB$ 에서 $\angle AQB = 90°$
$$\overline{AQ} = \overline{AB}\cos 2\theta = 10 \times \frac{7}{25} = \frac{14}{5}$$

Lec.12

핵심예제01

(1) $\dfrac{2+\sqrt{3}}{4}$ (2) $\dfrac{1-\sqrt{3}}{4}$

(3) $\dfrac{1+\sqrt{3}}{4}$ (4) $\dfrac{1}{4}$

(5) $\dfrac{\sqrt{6}-\sqrt{2}}{2}$ (6) $\dfrac{\sqrt{2}}{2}$

(7) $\dfrac{\sqrt{2}}{2}$ (8) $\dfrac{\sqrt{6}+\sqrt{2}}{2}$

핵심예제02 $\dfrac{1}{8}$

핵심예제03 0

핵심예제04 (1) $\dfrac{\sqrt{3}}{3}$ (2) $\dfrac{1}{2}$

핵심예제 01

(1) $\sin 75°\cos 15°$
$$= \frac{1}{2}\{\sin(75° + 15°) + \sin(75° - 15°)\}$$
$$= \frac{2+\sqrt{3}}{4}$$

(2) $\cos 105°\sin 45° = \sin 45°\cos 105°$

$$= \frac{1}{2}\{\sin(45° + 105°) + \sin(45° - 105°)\}$$

$$= \frac{1}{2}\{\sin 150° + \sin(-60°)\} = \frac{1 - \sqrt{3}}{4}$$

(3) $\cos 45°\cos 15°$

$$= \frac{1}{2}\{\cos(45° + 15°) + \cos(45° - 15°)\}$$

$$= \frac{1 + \sqrt{3}}{4}$$

(4) $\sin 165°\sin 105°$

$$= -\frac{1}{2}\{\cos(165° + 105°)$$

$$- \cos(165° - 105°)\}$$

$$= \frac{1}{4}$$

(5) $\sin 165° + \sin 15°$

$$= 2\sin\frac{165° + 15°}{2}\cos\frac{165° - 15°}{2}$$

$$= 2\sin 90°\cos 75°$$

$$= \frac{\sqrt{6} - \sqrt{2}}{2}$$

(6) $\cos 255° + \cos 15°$

$$= 2\cos\frac{255° + 15°}{2}\cos\frac{255° - 15°}{2}$$

$$= 2\cos 135°\cos 120°$$

$$= \frac{\sqrt{2}}{2}$$

(7) $\sin 75° - \sin 15°$

$$= 2\cos\frac{75° + 15°}{2}\sin\frac{75° - 15°}{2}$$

$$= 2\cos 45°\sin 30°$$

$$= \frac{\sqrt{2}}{2}$$

(8) $\cos 195° - \cos 15°$

$$= -2\sin\frac{195° + 15°}{2}\sin\frac{195° - 15°}{2}$$

$$= -2\sin 105°\sin 90°$$

$$= -\frac{\sqrt{6} + \sqrt{2}}{2}$$

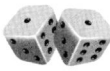 핵심예제 02

$\cos 20°\cos 40°\cos 80°$

$$= \frac{1}{2}(\cos 60° + \cos 20°)\cdot\cos 80°$$

$$= \frac{1}{2}\cos 60°\cdot\cos 80° + \frac{1}{2}\cos 20°\cdot\cos 80°$$

$$= \frac{1}{4}\cos 80° + \frac{1}{2}\left\{\frac{1}{2}\cdot(\cos 100° + \cos 60°)\right\}$$

$$= \frac{1}{4}(\cos 80° + \cos 100°) + \frac{1}{8}$$

$$= \frac{1}{4}\cdot 2\cos 80° - \cos 80° + \frac{1}{8} = \frac{1}{8}$$

핵심예제 03

$\cos 55° + \cos 65° + \cos 175°$

$$= 2\cos 60°\cos 5° + \cos 175°$$

$$= \cos 5° + \cos 175°$$

$$= 2\cos 90°\cos 85°$$

$$= 0$$

핵심예제 04

(1) $\dfrac{\sin 50° + \sin 10°}{\cos 50° + \cos 10°}$

$$= \frac{2\sin 30°\cos 20°}{2\cos 30°\cos 20°} = \tan 30° = \frac{\sqrt{3}}{3}$$

(2) $\dfrac{1}{2}$

Lec.13

 **핵심예제 01**

$$\sqrt{3}\sin x - \cos x = 2\sin\left(x - \frac{\pi}{6}\right)$$

$y = \sin\left(x - \dfrac{\pi}{6}\right)(0 \le x \le \pi)$의 그래프에서

$\sin\left(x - \dfrac{\pi}{6}\right) = \dfrac{a}{2}$가 서로 다른 두 실근을 갖는

a값의 범위는 $\dfrac{1}{2} \le \dfrac{a}{2} < 1$이다.

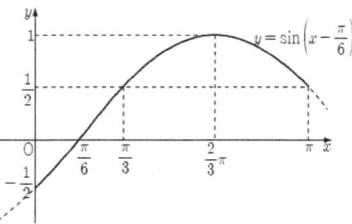

따라서 $1 \le a < 2$이므로 $\alpha^2 + \beta^2 = 5$이다.

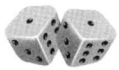 **핵심예제 02**

$\sin 2x = 2\sin x \cos x$이므로

$$\cos^2 x - \sin^2 2x = \cos^2 x - 4\sin^2 x \cos^2 x$$
$$= \cos^2 x(1 - 4\sin^2 x) = 0$$

$\therefore \cos x = 0$ 또는 $\sin x = \pm\dfrac{1}{2}$

$0 \le x \le 2\pi$ 에서 위의 조건을 만족시키는 x의 개수는 $\cos x = 0$에서

2개$\left(x = \dfrac{\pi}{2},\ \dfrac{3}{2}\pi\right)$이고,

$\sin x = \pm\dfrac{1}{2}$에서

4개$\left(x = \dfrac{\pi}{6},\ \dfrac{5}{6}\pi,\ \dfrac{7}{6}\pi,\ \dfrac{11}{6}\pi\right)$이다. 따라서 구하는 실근의 개수는 6개이다.

 **핵심예제 03**

$\cos 3x \cos x + \sin 3x \sin x = \cos 2x$ 이므로

$$\cos 2x = \cos\frac{3}{5}\pi$$

$\therefore 2x = 2n\pi \pm \dfrac{3}{5}\pi$ $\therefore x = n\pi \pm \dfrac{3}{10}\pi$

$0 \le x \le \pi$ 인 것은 $\dfrac{3}{10}\pi,\ \dfrac{7}{10}\pi$

따라서 근의 총합은 $\dfrac{3}{10}\pi + \dfrac{7}{10}\pi = \pi$

 **핵심예제 04**

$\sin \pi x + \sqrt{3}\cos \pi x = \dfrac{2}{3}x$ 에서

$$\sin \pi x + \sqrt{3}\cos \pi x$$
$$= 2\left(\frac{1}{2}\sin \pi x + \frac{\sqrt{3}}{2}\cos \pi x\right) = 2\sin\left(\pi x + \frac{\pi}{3}\right)$$
$$= 2\sin \pi\left(x + \frac{1}{3}\right) \text{이므로}$$

$y = 2\sin \pi\left(x + \dfrac{1}{3}\right)$의 그래프와 $y = \dfrac{2}{3}x$의 그래프를 각각 그려 교점의 개수를 세면 7개이다.

여기서, $y = 2\sin \pi\left(x + \dfrac{1}{3}\right)$의 그래프를 그리기 불편하면 $y = 2\sin \pi x$의 그래프와

$y = \dfrac{2}{3}\left(x - \dfrac{1}{3}\right) = \dfrac{2}{3}x - \dfrac{2}{9}$의 그래프 교점의 개수를 세도 좋다. 두 함수를 똑같이 평행이동하면 교점의 개수는 변하지 않기 때문이다.

Lec. 14

핵심예제01 ④
핵심예제02 ②, ③, ④
핵심예제03 (1) -6 (2) 1
핵심예제04 ⑤

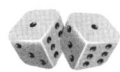 **핵심예제 01**

① (준식) $= \lim_{x \to 0+} \dfrac{0}{1+0} = 0$

② (준식) $= \lim_{x \to 0-} \dfrac{-x}{1-x} = 0$

③ (준식) $= \lim_{x \to 0+} \dfrac{x}{x} = 1$

④ (준식) $= \lim_{x \to -0} \dfrac{x}{-x} = -1$

⑤ (준식) $= \lim_{x \to 0+} [x] = 0$

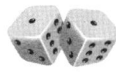 **핵심예제 02**

① $\lim_{x \to 1} \dfrac{1}{x-1} = \infty$

② $\lim_{x \to 1} \sqrt{4x+5} = 3$

③ $\lim_{x \to -0} \dfrac{[x-1]}{x-1} = \dfrac{-2}{-1} = 2$

④ $\lim_{x \to 0} \dfrac{x^2}{|x|} = 0$

⑤ $\lim_{x \to 1} \dfrac{x^2-1}{|x-1|} = \pm 2$

 **핵심예제 03**

(1) $x \to -3+0 \Leftrightarrow x > -3,\ x \to -3$ 이므로
x 대신 $-2.99\cdots$ 를 대입하면
$\lim_{x \to -3+0} (x+[x]) = -6$ 임을 알 수 있다.
또는 $y = x+[x]$ 의 그래프를 그려
$\lim_{x \to -3+0} (x+[x]) = -6$ 임을 알 수 있다.

(2) $\lim_{x \to -0} \dfrac{1}{1+2^{\frac{1}{x}}} = 1$ 이다.

왜냐하면, $\lim_{x \to -0} 2^{\frac{1}{x}} = 0$ 이기 때문이다.

만약, $\lim_{x \to 0} \dfrac{1}{1+2^{\frac{1}{x}}}$ 이라면 그 값은 없다.

왜냐하면, 좌극한값은 1이고 우극한값은
0이기 때문이다.

 **핵심예제 04**

ㄱ. $\lim_{x \to 1-0} f(x) = -2$ 이고
$\lim_{x \to 1+0} f(x) = 0$ 이므로
$\lim_{x \to 1} f(x)$ 가 존재하지 않는다. (거짓)

ㄴ. $\lim_{x \to 2-0} f(x) = 1 = \lim_{x \to 2+0} f(x)$ 이므로
$\lim_{x \to 2} f(x)$ 가 존재한다. (참)

ㄷ. $-1 < a < 1$ 에서 함수 $f(x)$ 의 그래프가
이어져 있으므로 $-1 < a < 1$ 인 실수 a 에
대하여 $\lim_{x \to a} f(x)$ 가 존재한다. (참)

따라서 옳은 것은 ㄴ, ㄷ이다.

Lec. 15

핵심예제01 ③
핵심예제02 3
핵심예제03 ③
핵심예제04 1

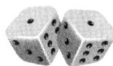 **핵심예제 01**

ㄱ. $\lim_{x \to 1+0} f(x) = -1,\ \lim_{x \to 1-0} f(x) = 1$ 이므로
$\lim_{x \to 1+0} f(x) + \lim_{x \to 1-0} f(x) = -1+1 = 0$ (참)

ㄴ. $\lim_{x \to -1+0} f(x) = 2,\ \lim_{x \to -1-0} f(x) = 2$ 이므로
$\lim_{x \to -1} f(x) = 2$ (참)

ㄷ. $\lim\limits_{x \to 1+0} f(x) = -1$ 이고 $\lim\limits_{x \to -1} f(x) = 2$ 이므로

$\lim\limits_{x \to 1+0} f(f(x)) = 2$ (거짓)

따라서 보기 중 옳은 것은 ㄱ, ㄴ이다.

 **핵심예제 02**

한붓선생의 강의를 들으세요. 한붓선생의 강의는 ipTV 스마트교육방송에서 olleh kt ch.159, LG U+ ch.165, SK Btv ch.455를 통하여 시청할 수 있으며 www.iptvstudy.co.kr에서 녹화방송을 수강할 수 있습니다.

 **핵심예제 03**

한붓선생의 강의를 들으세요. 한붓선생의 강의는 ipTV 스마트교육방송에서 olleh kt ch.159, LG U+ ch.165, SK Btv ch.455를 통하여 시청할 수 있으며 www.iptvstudy.co.kr에서 녹화방송을 수강할 수 있습니다.

 **핵심예제 04**

한붓선생의 강의를 들으세요. 한붓선생의 강의는 ipTV 스마트교육방송에서 olleh kt ch.159, LG U+ ch.165, SK Btv ch.455를 통하여 시청할 수 있으며 www.iptvstudy.co.kr에서 녹화방송을 수강할 수 있습니다.

Lec.16

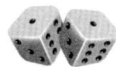 **핵심예제 01**

$f(x) = x$ 라 두면, $\lim\limits_{x \to \infty}(3x - 2g(x)) = 2$

$3x - 2g(x) = 2, \ 2g(x) = 3x - 2$

$g(x) = \dfrac{3x - 2}{2}$

따라서 준 식은 $\lim\limits_{x \to \infty} \dfrac{x - 6x}{9x - 2x} = -\dfrac{5}{7}$

위 풀이는 대입에 의한 특수풀이임으로 답을 위한 풀이일 뿐 옳은 풀이라고 볼 수 없다.

옳은 풀이는 한붓선생의 강의를 듣고 이해하도록 하세요. 한붓선생의 강의는 ipTV 스마트교육방송에서 olleh kt ch.159, LG U+ ch.165, SK Btv ch.455를 통하여 시청할 수 있으며 www.iptvstudy.co.kr에서 녹화방송을 수강할 수 있습니다.

 **핵심예제 02**

Ⅰ. (반례) $f(x) = \dfrac{1}{x}, \ g(x) = x$

Ⅱ. (반례) $f(x) = \dfrac{1}{x}, \ g(x) = x^2$

Ⅲ. (증명)
$\lim\limits_{x \to \infty} g(x) = \alpha \text{(수렴)},$

$\lim\limits_{x \to \infty} \dfrac{f(x)}{g(x)} = \beta \text{(수렴)}$ 라 하면

$\lim\limits_{x \to \infty} f(x) = \lim\limits_{x \to \infty} \left\{ g(x) \cdot \dfrac{f(x)}{g(x)} \right\}$

$\quad = \lim\limits_{x \to \infty} g(x) \cdot \lim\limits_{x \to \infty} \dfrac{f(x)}{g(x)}$

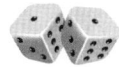 **핵심예제 03**

한붓선생의 강의를 들으세요. 한붓선생의 강의는 ipTV 스마트교육방송에서 olleh kt ch.159, LG U+ ch.165, SK Btv ch.455를 통하여 시청할 수 있으며 www.iptvstudy.co.kr에서 녹화방송을 수강할 수 있습니다.

 **핵심예제 04**

한붓선생의 강의를 들으세요. 한붓선생의 강의는 ipTV 스마트교육방송에서 olleh kt ch.159, LG U+ ch.165, SK Btv ch.455를 통하여 시청할 수 있으며 www.iptvstudy.co.kr에서 녹화방송을 수강할 수 있습니다.

Lec.17

핵심예제01 (1) 6 (2) $\dfrac{1}{4}$ (3) -2

핵심예제02 (1) $\dfrac{2}{3}$ (2) -1

핵심예제03 16

핵심예제04 ①

 **핵심예제 01**

(1) $\displaystyle\lim_{x \to -1} \frac{(x+1)(x-1)(x-2)}{(x+1)} = 6$

(2) $\displaystyle\lim_{x \to -1} \frac{\sqrt{x+5}-2}{x+1}$

$= \displaystyle\lim_{x \to -1} \frac{(\sqrt{x+5}-2)(\sqrt{x+5}+2)}{(x+1)(\sqrt{x+5}+2)}$

$= \displaystyle\lim_{x \to -1} \frac{(x+5)-4}{(x+1)(\sqrt{x+5}+2)}$

$= \displaystyle\lim_{x \to -1} \frac{x+1}{(x+1)(\sqrt{x+5}+2)}$

$= \displaystyle\lim_{x \to -1} \frac{1}{\sqrt{x+5}+2} = \frac{1}{4}$

(3) $\displaystyle\lim_{x \to 0} \frac{1}{x}\left\{\frac{1}{(x+1)^2}-1\right\}$

$= \displaystyle\lim_{x \to 0} \frac{1}{x}\left\{\frac{-x^2-2x}{(x+1)^2}\right\}$

$= \displaystyle\lim_{x \to 0} \frac{-(x+2)}{(x+1)^2} = -2$

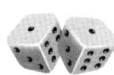 **핵심예제 02**

한붓선생의 강의를 들으세요. 한붓선생의 강의는 ipTV 스마트교육방송에서 olleh kt ch.159, LG U+ ch.165, SK Btv ch.455를 통하여 시청할 수 있으며 www.iptvstudy.co.kr에서 녹화방송을 수강할 수 있습니다.

 **핵심예제 03**

$(준식) = \displaystyle\lim_{x \to 1} \frac{8(x^2-1)(x^2+1)}{(x^2-1)f(x)}$

$= \displaystyle\lim_{x \to 1} \frac{8(x^2+1)}{f(x)}$

$= \dfrac{16}{f(1)} = 1$

$\therefore f(1) = 16$

($f(x)$, $g(x)$가 다항 함수이고 $f(a) \neq 0$이면 $\displaystyle\lim_{x \to a} \frac{g(x)}{f(x)} = \frac{g(a)}{f(a)}$ 이다.)

 **핵심예제 04**

$\displaystyle\lim_{x \to 1} \frac{g(x)-2x}{x-1}$ 의 값이 존재하므로

$\displaystyle\lim_{x \to 1}\{g(x)-2x\} = 0$

$\therefore g(1) = 2$

$\therefore \displaystyle\lim_{x \to 1} \frac{f(x) \cdot g(x)}{x^2-1}$

$= \displaystyle\lim_{x \to 1} \frac{(x-1)(g(x)-1) \cdot g(x)}{x^2-1}$

$= \displaystyle\lim_{x \to 1} \frac{(g(x)-1) \cdot g(x)}{x+1}$

$= \dfrac{(g(1)-1) \cdot g(1)}{2} = 1$

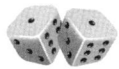

Lec.18

 핵심예제 01

(1) 극한값이 상수로 일정하고 $x\to 1$일 때
$(x-1)\to 0$이므로 $(x^2+ax-3)\to 0$이다.

$$\therefore\ a=2 \quad \lim_{x\to 1}\frac{x^2+2x-3}{x-1}$$
$$=\lim_{x\to 1}\frac{(x+3)(x-1)}{x-1}$$
$$=\lim_{x\to 1}(x+3)=4$$
$$\therefore\ b=4$$

(2) $x\to -1$일 때 분모가 0이므로, 분자도 0이
어야 한다. $a-1+b=0$에서 $b=1-a$을
분자에 대입하여 정리하면,
$$ax^2+x+1-a=a(x^2-1)+x+1$$
$$=a(x+1)(x-1)+x+1$$
$$=(x+1)(ax-a+1)$$
$$\therefore\ \lim_{x\to -1}\frac{ax^2+x+b}{x+1}$$
$$=\lim_{x\to -1}\frac{(x+1)(ax-a+1)}{x+1}$$
$$=\lim_{x\to -1}(ax-a+1)$$
$$=-2a+1$$
$$=3$$
$$\therefore\ a=-1,\ b=2$$

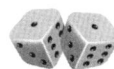 **핵심예제 02**

주어진 함수의 극한은 수렴하고,
$$\lim_{x\to -3}(x+3)=0$$이므로
$$\lim_{x\to -3}(\sqrt{x^2-x-3}+ax)=0$$이 성립한다.
곧, $\sqrt{(-3)^2-(-3)-3}+a(-3)=0$에서
$$\therefore\ a=1$$
위 결과를 주어진 식에 대입하여 극한값을
구하면 다음과 같다.
$$\lim_{x\to -3}\frac{\sqrt{x^2-x-3}+x}{x+3}\times\frac{\sqrt{x^2-x-3}-x}{\sqrt{x^2-x-3}-x}$$
$$=\lim_{x\to -3}\frac{-(x+3)}{(x+3)(\sqrt{x^2-x-3}-x)}$$
$$=\lim_{x\to -3}\frac{-1}{\sqrt{x^2-x-3}-x}=\frac{-1}{\sqrt{9}+3}=-\frac{1}{6}=b$$
$$\therefore\ a+b=1-\frac{1}{6}=\frac{5}{6}$$

 **핵심예제 03**

$$\lim_{x\to\infty}\frac{f(x)}{x^2+1}=2 \cdots ㉠$$

$$\lim_{x\to\infty}\frac{f(x)}{x^2-1}=-1 \cdots ㉡$$

㉠으로부터 $f(x)$가 2차식이므로
$f(x)=ax^2+bx+c$로 놓으면 ㉠은
$$\lim_{x\to\infty}\frac{ax^2+bx+c}{x^2+1}=2$$
$$\therefore\ \frac{a}{1}=2 \quad \therefore\ a=2$$

또, ㉡에서 $\lim_{x\to 1}\frac{2x^2+bx+c}{(x+1)(x-1)}=-1$
$$\therefore\ \lim_{x\to 1}(2x^2+bx+c)=0$$
$$\therefore\ 2+b+c=0$$
$$\therefore\ c=-b-2$$

이 때

$$\lim_{x \to 1} \frac{f(x)}{(x+1)(x-1)} = \lim_{x \to 1} \frac{2x^2 + bx - b - 2}{(x+1)(x-1)}$$

$$= \lim_{x \to 1} \frac{(x-1)(2x+2+b)}{(x+1)(x-1)} = \frac{4+b}{2} = -1$$

$\therefore b = -6$, $c = 4$

$\therefore f(x) = 2x^2 - 6x + 4$

 **핵심예제 04**

$f(x) = x(x^2 + ax + b)$ 이므로

$f(-1) = a - b - 1 = 2$

$\therefore a - b = 3$ ··· ㉠

$f(1) = a + b + 1 = -2$

$\therefore a + b = -3$ ··· ㉡

㉠, ㉡에서 $a = 0$, $b = -3$

$\therefore f(x) = x(x^2 - 3)$

$\therefore \lim_{x \to 0} \frac{f(x)}{x} = \lim_{x \to 0} (x^2 - 3) = -3$

Lec.19

핵심예제01

(1) $\dfrac{3}{2}$ (2) $\dfrac{\pi}{180}$ (3) -3

(4) $\dfrac{4}{3}$ (5) 0 (6) 4

핵심예제02

(1) -4 (2) 1 (3) $-\dfrac{1}{\pi}$

(4) $\dfrac{1}{4\pi}$ (5) $-\dfrac{1}{2}$ (6) 1

핵심예제03 ④

핵심예제04 2

 **핵심예제 01**

(1) $\displaystyle \lim_{x \to 0} \frac{\sin 3x}{\sin 2x} = \lim_{x \to 0} \frac{\sin 3x}{3x} \cdot \frac{2x}{\sin 2x} \cdot \frac{3}{2}$

$= 1 \cdot 1 \cdot \dfrac{3}{2} = \dfrac{3}{2}$

(2) $180° = \pi$ 에서 $1° = \dfrac{\pi}{180}$ 이므로

$x° = \dfrac{\pi}{180} x$

$\therefore \displaystyle \lim_{x \to 0} \frac{\sin x°}{x} = \lim_{x \to 0} \frac{\sin \dfrac{\pi}{180} x}{x}$

$= \displaystyle \lim_{x \to 0} \frac{\sin \dfrac{\pi}{180} x}{\dfrac{\pi}{180} x} \cdot \frac{\pi}{180} = \frac{\pi}{180}$

(3) $\displaystyle \lim_{x \to 0} \frac{\sin x - 2\sin 2x}{x \cos x}$

$= \displaystyle \lim_{x \to 0} \frac{\sin x - 4\sin x \cos x}{x \cos x}$

$= \displaystyle \lim_{x \to 0} \left(\frac{\sin x}{x} \cdot \frac{1}{\cos x} - 4 \cdot \frac{\sin x}{x} \right)$

$= 1 \cdot \dfrac{1}{1} - 4 \cdot 1 = -3$

(4) $\displaystyle \lim_{x \to 0} \frac{\tan 4x}{\tan 3x} = \lim_{x \to 0} \frac{\tan 4x}{4x} \cdot \frac{3x}{\tan 3x} \cdot \frac{4}{3}$

$= 1 \cdot 1 \cdot \dfrac{4}{3} = \dfrac{4}{3}$

(5) $\cos 3x - \cos x = -2\sin \dfrac{3x+x}{2} \sin \dfrac{3x-x}{2}$

$= -2\sin 2x \sin x$ 이므로

$\displaystyle \lim_{x \to 0} \frac{\cos 3x - \cos x}{\sin 2x}$

$= \displaystyle \lim_{x \to 0} \frac{-2\sin 2x \sin x}{\sin 2x} = \lim_{x \to 0} (-2\sin x) = 0$

(6) $\displaystyle \lim_{\theta \to 0} \frac{\sec 2\theta - 1}{\sec \theta - 1} = \lim_{\theta \to 0} \frac{\dfrac{1}{\cos 2\theta} - 1}{\dfrac{1}{\cos \theta} - 1}$

$$= \lim_{\theta \to 0} \frac{\dfrac{1-\cos 2\theta}{\cos 2\theta}}{\dfrac{1-\cos \theta}{\cos \theta}}$$

$$= \lim_{\theta \to 0} \frac{1-\cos 2\theta}{1-\cos \theta} \cdot \frac{\cos \theta}{\cos 2\theta}$$

$$= \lim_{\theta \to 0} \frac{1-\cos 2\theta}{1-\cos \theta} \left(\because \lim_{\theta \to 0} \frac{\cos \theta}{\cos 2\theta} = 1 \right)$$

$$= \lim_{\theta \to 0} \frac{1-(2\cos^2 \theta - 1)}{1-\cos \theta}$$

$$= 2\lim_{\theta \to 0} \frac{(1-\cos \theta)(1+\cos \theta)}{1-\cos \theta}$$

$$= 2\lim_{\theta \to 0} (1+\cos \theta) = 2(1+1) = 4$$

 **핵심예제 02**

(1) $\displaystyle\lim_{x \to 0} \frac{3\cos^2 x + 2\cos x - 5}{x^2}$

$$= \lim_{x \to 0} \frac{(\cos x - 1)(3\cos x + 5)}{x^2}$$

$$= \lim_{x \to 0} \frac{(\cos^2 x - 1)(3\cos x + 5)}{x^2(\cos x + 1)}$$

$$= \lim_{x \to 0} \left\{ -\left(\frac{\sin x}{x} \right)^2 \cdot \frac{3\cos x + 5}{\cos x + 1} \right\} = -4$$

(2) $\displaystyle\lim_{x \to 0} \frac{\sin(\sin x)}{x}$

$$= \lim_{x \to 0} \left\{ \frac{\sin(\sin x)}{\sin x} \cdot \frac{\sin x}{x} \right\}$$

$\sin x = z$로 놓으면 $x \to 0$일 때 $z \to 0$이므로

$$\lim_{x \to 0} \frac{\sin(\sin x)}{\sin x} = \lim_{z \to 0} \frac{\sin z}{z} = 1$$

$$\therefore \lim_{x \to 0} \frac{\sin(\sin x)}{x} = 1 \cdot 1 = 1$$

(3) $x - 3 = z$로 놓으면 $x = z + 3$이고,

$x \to 3$일 때 $z \to 0$이므로

$$\lim_{x \to 3} \frac{x-3}{\sin \pi x} = \lim_{z \to 0} \frac{z}{\sin(3\pi + \pi z)}$$

$$= \lim_{z \to 0} \frac{z}{-\sin \pi z} = -\frac{1}{\pi}$$

(4) $x - 2\pi = z$로 놓으면 $x = 2\pi + z$이고,

$x \to 2\pi$일 때 $z \to 0$이므로

$$\lim_{x \to 2\pi} \frac{\sin x}{x^2 - 4\pi^2} = \lim_{z \to 0} \frac{\sin(2\pi + z)}{(2\pi + z)^2 - 4\pi^2}$$

$$= \lim_{z \to 0} \frac{\sin z}{z(z + 4\pi)}$$

$$= \lim_{z \to 0} \left(\frac{\sin z}{z} \cdot \frac{1}{z + 4\pi} \right) = \frac{1}{4\pi}$$

(5) $x - \dfrac{\pi}{2} = t$로 놓으면 $x \to \dfrac{\pi}{2}$일 때,

$t \to 0$이므로

$$\lim_{x \to \frac{\pi}{2}} \frac{\sec x - \tan x}{x - \dfrac{\pi}{2}}$$

$$= \lim_{t \to 0} \frac{\sec\left(\dfrac{\pi}{2} + t\right) - \tan\left(\dfrac{\pi}{2} + t\right)}{t}$$

$$= \lim_{t \to 0} \frac{-\cosec t + \cot t}{t}$$

$$= \lim_{t \to 0} \frac{1}{t}\left(-\frac{1}{\sin t} + \frac{\cos t}{\sin t} \right) = \lim_{t \to 0} \frac{1 - \cos t}{-t\sin t}$$

$$= \lim_{t \to 0} \frac{(1-\cos t)(1+\cos t)}{-t\sin t(1+\cos t)}$$

$$= \lim_{t \to 0} \frac{\sin^2 t}{-t\sin t(1+\cos t)}$$

$$= \lim_{t \to 0} \frac{\sin t}{-t(1+\cos t)}$$

$$= -\lim_{t \to 0} \frac{\sin t}{t} \cdot \frac{1}{1+\cos t}$$

$$= -1 \cdot \frac{1}{2} = -\frac{1}{2}$$

(6) $\dfrac{1}{x} = t$로 놓으면 $x \to \infty$ 일 때

$t \to 0$ 이므로

$$(준식) = \lim_{t \to 0} \frac{\sin t}{t} = 1$$

 **핵심예제 03**

$\displaystyle\lim_{x \to 0} \tan x = 0$이므로

$\displaystyle\lim_{x\to 0}\sin(ax+b)=\sin b=0$이 되어야 한다.

$\therefore\ b=0$

$\displaystyle\lim_{x\to 0}\frac{\tan x}{\sin ax}=\lim_{x\to 0}\frac{\tan x}{x}\cdot\frac{ax}{\sin ax}\cdot\frac{1}{a}=\frac{1}{a}=\frac{1}{2}$

$\therefore\ a=2$

$\therefore\ b-a=-2$

 **핵심예제 04**

$\triangle\mathrm{POA}$에서 $\angle\mathrm{OPA}=\pi-3\theta$이고,

사인법칙을 적용하면 $\dfrac{3}{\sin(\pi-3\theta)}=\dfrac{\overline{\mathrm{OP}}}{\sin 2\theta}$

$\therefore\ \overline{\mathrm{OP}}=\dfrac{3\sin 2\theta}{\sin 3\theta}$

$\therefore\ a=\overline{\mathrm{OP}}\cos\theta=\dfrac{3\sin 2\theta}{\sin 3\theta}\cdot\cos\theta$

$\therefore\ \displaystyle\lim_{\theta\to 0}a=\lim_{\theta\to 0}\frac{3\sin 2\theta}{\sin 3\theta}\cdot\cos\theta$

$=3\cdot\dfrac{2}{3}\cdot 1=2$

$\left(\because\ 3x=t\ \text{라 두면}\ x=\dfrac{t}{3}\right)$

(2) $z=-x$라 놓으면, $x\to-\infty$일 때,

$z\to\infty$이므로

$\displaystyle\lim_{x\to\infty}\left(1-\frac{1}{x}\right)^{2x}$

$=\displaystyle\lim_{z\to\infty}\left(1+\frac{1}{z}\right)^{-2z}$

$=\displaystyle\lim_{z\to\infty}\left\{\left(1+\frac{1}{z}\right)^{z}\right\}^{-2}$

$=e^{-2}$

(3) $\dfrac{x+1}{x-1}=1+\dfrac{2}{x-1}$ 이므로

$\displaystyle\lim_{x\to\infty}\left(\frac{x+1}{x-1}\right)^{x}=\lim_{x\to\infty}\left(1+\frac{2}{x-1}\right)^{x}$

$=\displaystyle\lim_{x\to\infty}\left(1+\frac{2}{x-1}\right)^{x-1}\left(1+\frac{2}{x-1}\right)$

$=\displaystyle\lim_{x\to\infty}\left\{\left(1+\frac{2}{x-1}\right)^{\frac{x-1}{2}}\right\}^{2}\cdot\left(1+\frac{2}{x-1}\right)$

$=e^{2}$

Lec.20

핵심예제01 (1) e^6 (2) e^{-2} (3) e^2
핵심예제02 ⑤
핵심예제03 ②
핵심예제04 $-\dfrac{1}{2}$

 **핵심예제 01**

(1) $\displaystyle\lim_{x\to 0}(1+3x)^{\frac{2}{x}}=\lim_{t\to 0}(1+t)^{\frac{6}{t}}$

$=\displaystyle\lim_{t\to 0}\left\{(1+t)^{\frac{1}{t}}\right\}^{6}=e^6$

 **핵심예제 02**

한붓선생의 강의를 들으세요. 한붓선생의 강의는 ipTV 스마트교육방송에서 olleh kt ch.159, LG U+ ch.165, SK Btv ch.455를 통하여 시청할 수 있으며 www.iptvstudy.co.kr에서 녹화방송을 수강할 수 있습니다.

 **핵심예제 03**

한붓선생의 강의를 들으세요. 한붓선생의 강의는 ipTV 스마트교육방송에서 olleh kt ch.159, LG U+ ch.165, SK Btv ch.455를 통하여 시청할 수 있으며 www.iptvstudy.co.kr에서 녹화방송을 수강할 수 있습니다.

 **핵심예제 04**

한붓선생의 강의를 들으세요. 한붓선생의 강의는 ipTV 스마트교육방송에서 olleh kt ch.159, LG U+ ch.165, SK Btv ch.455를 통하여 시청할 수 있으며 www.iptvstudy.co.kr에서 녹화방송을 수강할 수 있습니다.

Lec.21

핵심예제01 (1) 9 (2) 2
핵심예제02 $\ln a$
핵심예제03 ①
핵심예제04 ④

 **핵심예제 01**

(1) $\lim_{x \to 0} \dfrac{e^{5x} + e^{3x} + e^x - 3}{x}$

$= \lim_{x \to 0} \left(\dfrac{e^{5x} - 1}{x} + \dfrac{e^{3x} - 1}{x} + \dfrac{e^x - 1}{x} \right)$

$= 5\lim_{x \to 0} \dfrac{e^{5x} - 1}{5x} + 3\lim_{x \to 0} \dfrac{e^{3x} - 1}{3x} + \lim_{x \to 0} \dfrac{e^x - 1}{x}$

$= 5 \cdot 1 + 3 \cdot 1 + 1 = 9$

(2) $\dfrac{1}{x} \ln(1 + 2x) = \ln(1 + 2x)^{\frac{1}{x}}$

$= \ln(1 + 2x)^{\frac{1}{2x} \cdot 2}$

$= 2\ln(1 + 2x)^{\frac{1}{2x}}$

$\therefore \lim_{x \to 0} \dfrac{\ln(1 + 2x)}{x} = 2\ln \lim_{x \to 0} (1 + 2x)^{\frac{1}{2x}}$

$= 2\ln e = 2$

 **핵심예제 02**

한붓선생의 강의를 들으세요. 한붓선생의 강의는 ipTV 스마트교육방송에서 olleh kt ch.159, LG U+ ch.165, SK Btv ch.455를 통하여 시청할 수 있으며 www.iptvstudy.co.kr에서 녹화방송을 수강할 수 있습니다.

 **핵심예제 03**

$\lim_{x \to 0} \dfrac{f(x)}{\ln(1-x)} = \lim_{x \to 0} \dfrac{\dfrac{f(x)}{x}}{\dfrac{\ln(1-x)}{x}} = 4$에서

$\lim_{x \to 0} \dfrac{\ln(1-x)}{x} = \lim_{x \to 0} \dfrac{-\ln(1-x)}{-x}$

$= -\lim_{x \to 0} \ln(1-x)^{\frac{1}{-x}} = -1$이므로

$\lim_{x \to 0} \dfrac{f(x)}{x} = -4$

 **핵심예제 04**

$x \to 0$일 때, $a^x + b \to 0$ 이므로 $b = -1$

$\lim_{x \to 0} \dfrac{a^x + b}{\ln(x + 1)}$

$= \lim_{x \to 0} \dfrac{x}{\ln(x + 1)} \times \dfrac{a^x - 1}{x}$

$= \ln a = \ln 3$

$\therefore a = 3$이므로 $a - b = 4$

Lec.22

핵심예제01 2
핵심예제02 1
핵심예제03 ③
핵심예제04 ①

 **핵심예제 01**

$\lim_{x \to 0} f(x) = f(0)$ 이므로

$$\lim_{x \to 0} f(x) = \lim_{x \to 0} \frac{e^{2x} - 1}{\sin x}$$

$$= \lim_{x \to 0} \frac{e^{2x} - 1}{2x} \cdot \frac{x}{\sin x} \cdot 2 = 2$$

$$\therefore f(0) = a = 2$$

 **핵심예제 02**

$x \neq 0$일 때 $f(x) = \dfrac{2x}{e^x + x - 1}$

$$\lim_{x \to 0} f(x) = \lim_{x \to 0} \frac{2x}{e^x + x - 1}$$

$$= \lim_{x \to 0} \frac{2}{\dfrac{e^x - 1}{x} + 1} = \frac{2}{2} = 1$$

$$\therefore f(0) = \lim_{x \to 0} f(x) = 1$$

 **핵심예제 03**

$|x| < 1, \ f(x) = -1$

$x = 1, \ f(x) = 0$

$x = -1, \ f(x) = 0$

$|x| > 1, \ f(x) = 1$

따라서 $f(x)$는 $-1, \ 1$에서 불연속이다.

$$\therefore -1 + 1 = 0$$

 **핵심예제 04**

한붓선생의 강의를 들으세요. 한붓선생의 강의는 ipTV 스마트교육방송에서 olleh kt ch.159, LG U+ ch.165, SK Btv ch.455를 통하여 시청할 수 있으며 www.iptvstudy.co.kr에서 녹화방송을 수강할 수 있습니다.

Lec.**23**

핵심예제01 ⑤

핵심예제02 $-5 < a < 0$

핵심예제03 ⑤

핵심예제04 4

 **핵심예제 01**

ㄱ. $f(x) = \cos \pi x - x$ 라 하면

   $f(0) f(1) = -1 < 0$

ㄴ. $g(x) = 2^x + x - 2$ 라 하면

   $g(0) g(1) = -1 < 0$

ㄷ. $h(x) = \cos \pi x - x$ 라 하면

   $h(0) h(1) = -1 < 0$ 이므로

따라서 중간값의 정리에 의하여

$f(x) = 0, \ g(x) = 0, \ h(x) = 0$ 은 모두

열린구간 $(0, 1)$에서 적어도 한 개의 실근을 갖는다.

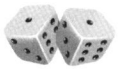 **핵심예제 02**

한붓선생의 강의를 들으세요. 한붓선생의 강의는 ipTV 스마트교육방송에서 olleh kt ch.159, LG U+ ch.165, SK Btv ch.455를 통하여 시청할 수 있으며 www.iptvstudy.co.kr에서 녹화방송을 수강할 수 있습니다.

 **핵심예제 03**

한붓선생의 강의를 들으세요. 한붓선생의 강의는 ipTV 스마트교육방송에서 olleh kt ch.159, LG U+ ch.165, SK Btv ch.455를 통하여 시청할 수 있으며 www.iptvstudy.co.kr에서 녹화방송을 수강할 수 있습니다.

 **핵심예제 04**

한붓선생의 강의를 들으세요. 한붓선생의 강의는 ipTV 스마트교육방송에서 olleh kt ch.159, LG U+ ch.165, SK Btv ch.455를 통하여 시청할 수 있으며 www.iptvstudy.co.kr에서 녹화방송을 수강할 수 있습니다.

Lec.24

 **핵심예제 01**

한붓선생의 강의를 들으세요. 한붓선생의 강의는 ipTV 스마트교육방송에서 olleh kt ch.159, LG U+ ch.165, SK Btv ch.455를 통하여 시청할 수 있으며 www.iptvstudy.co.kr에서 녹화방송을 수강할 수 있습니다.

 **핵심예제 02**

$$\lim_{h \to 0} \frac{f(2+3h) - f(2-2h)}{h}$$

$$= \lim_{h \to 0} \frac{f(2+3h) - f(2) - \{f(2-2h) - f(2)\}}{h}$$

$$= \lim_{h \to 0} \frac{f(2+3h) - f(2)}{h} - \lim_{h \to 0} \frac{f(2-2h) - f(2)}{h}$$

$$= 3\lim_{h \to 0} \frac{f(2+3h) - f(2)}{3h} + 2\lim_{h \to 0} \frac{f(2-2h) - f(2)}{-2h}$$

$$= 3f'(2) + 2f'(2) = 5f'(2) = -5$$

 **핵심예제 03**.

$$\lim_{\blacktriangle \to a} \frac{f(\blacktriangle) - f(a)}{\blacktriangle - a} = f'(a) \text{ 이므로}$$

$$\text{(준식)} = \lim_{x \to 1} \frac{f(x^3) - f(1)}{x^3 - 1} \cdot (x^2 + x + 1)$$

$$= f'(1) \cdot \lim_{x \to 1} (x^2 + x + 1) = 3 \cdot 3 = 9$$

 **핵심예제 04**

$$\lim_{n \to \infty} n\left(f\left(a + \frac{b}{n}\right) - f\left(a - \frac{b}{n}\right)\right)$$

$$= \lim_{n \to \infty} \frac{\left[f\left(a + \frac{b}{n}\right) - f(a)\right] - \left[f\left(a - \frac{b}{n}\right) - f(a)\right]}{\frac{1}{n}}$$

$$= \lim_{n \to \infty} \frac{\left[f\left(a + \frac{b}{n}\right) - f(a)\right]}{\frac{b}{n}} \times b$$

$$+ \lim_{n \to \infty} \frac{\left[f\left(a - \frac{b}{n}\right) - f(a)\right]}{-\frac{b}{n}} \times b$$

$$= 2b \cdot f'(a)$$

Lec.25

 **핵심예제 01**

$x = a$에서 연속이지만 미분가능하지 않은 함수를 찾으면 된다.

① 모든 실수 x에 대하여 미분가능하다.

② $x = 0$에서 $f(0)$가 존재하지 않으므로 불연속이다.

③ $x = 0$에서 연속이지만 미분가능하지 않다.

④ 모든 실수 x에 대하여 미분가능하다.

⑤ $x = 2$에서 함숫값 $f(2)$가 존재하지 않으므로 불연속이다.

따라서 반례로 적당한 것은 ③이다.

 **핵심예제 02**

(1) $f'(0) = \lim_{h \to 0} \dfrac{f(0+h) - f(0)}{h}$

$= \lim_{h \to 0} \dfrac{h \sin \dfrac{1}{h}}{h} = \lim_{h \to 0} \sin \dfrac{1}{h}$

따라서 발산한다.

$\therefore f(x)$는 $x = 0$에서 미분 불가능

(2) $f'(0) = \lim_{h \to 0} \dfrac{f(0+h) - f(0)}{h}$

$= \lim_{h \to 0} \dfrac{h^2 \sin \dfrac{1}{h}}{h} = \lim_{h \to 0} h \sin \dfrac{1}{h} = 0$

$\therefore f(x)$는 $x = 0$에서 미분가능

 **핵심예제 03**

한붓선생의 강의를 들으세요. 한붓선생의 강의는 ipTV 스마트교육방송에서 olleh kt ch.159, LG U+ ch.165, SK Btv ch.455를 통하여 시청할 수 있으며 www.iptvstudy.co.kr에서 녹화방송을 수강할 수 있습니다.

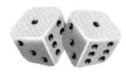 **핵심예제 04**

한붓선생의 강의를 들으세요. 한붓선생의 강의는 ipTV 스마트교육방송에서 olleh kt ch.159, LG U+ ch.165, SK Btv ch.455를 통하여 시청할 수 있으며 www.iptvstudy.co.kr에서 녹화방송을 수강할 수 있습니다.

Lec.26

핵심예제01 12
핵심예제02 ④
핵심예제03 ⑤
핵심예제04 $7x - 4$

 **핵심예제 01**

$\lim_{x \to 1} \dfrac{f(x) - 2}{x - 1} = 3$에서 $x \to 1$일 때

(분모)$\to 0$이므로 (분자)$\to 0$이어야 한다.

즉, $\lim_{x \to 1} \{f(x) - 2\} = f(1) - 2 = 0$에서

$f(1) = 2$

$\therefore \lim_{x \to 1} \dfrac{f(x) - 2}{x - 1}$

$= \lim_{x \to 1} \dfrac{f(x) - f(1)}{x - 1}$

$= f'(1) = 3$

또한, $\lim_{x \to 1} \dfrac{g(x)}{x^2 - 1} = 3$에서 $x \to 1$일 때

(분모)$\to 0$이므로 (분자)$\to 0$이어야 한다.

즉, $\lim_{x \to 1} g(x) = g(1) = 0$

$\therefore \lim_{x \to 1} \dfrac{g(x)}{x^2 - 1} = \lim_{x \to 1} \dfrac{g(x) - g(1)}{(x - 1)(x + 1)}$

 **핵심예제 02**

$f(x) = x^n - 2x$ 로 놓으면 $f(1) = -1$ 이므로

$$\lim_{x \to 1} \frac{x^n - 2x + 1}{x - 1} = \lim_{x \to 1} \frac{f(x) - f(1)}{x - 1} = f'(1)$$

$f'(x) = nx^{n-1} - 2$ 이므로

$f'(1) = n - 2$

따라서 $n - 2 = 15$ 에서 $\therefore\ n = 17$

 **핵심예제 03**

$f(x)$ 는 $x = 1$ 에서 연속이므로

$$\lim_{x \to 1-0} f(x) = \lim_{x \to 1+0} f(x) = f(1) \text{ 에서}$$

$4 + b = a + 2\ \cdots\ \boxed{\small ㉠}$

또, $f'(x) = \begin{cases} 2ax & (x > 1) \\ 4 & (x < 1) \end{cases}$ 이고

$x = 1$ 에서 미분 가능하므로

$$\lim_{x \to 1-0} f'(x) = \lim_{x \to 1+0} f'(x) \text{ 에서 } 4 = 2a\ \cdots\ \boxed{\small ㉡}$$

$\boxed{\small ㉠}$, $\boxed{\small ㉡}$ 에서 $a = 2,\ b = 0$

$\therefore\ a + b = 2$

 **핵심예제 04**

$x^8 - x + 3 = (x - 1)^2 Q(x) + ax + b$ 로 놓으면

양변에 $x = 1$ 을 대입하면 $a + b = 3$

양변을 x 에 대하여 미분하면

$8x^7 - 1 = 2(x - 1)Q(x) + (x - 1)^2 Q'(x) + a$

양변에 $x = 1$ 을 대입하면

$\therefore\ a = 7,\ b = -4$

따라서 나머지는 $7x - 4$

Lec.27

 **핵심예제 01**

$f(x) = \dfrac{2x - 3}{x^2 - 1}$ 에서

$$f'(x) = \frac{2(x^2 - 1) - 2x(2x - 3)}{(x^2 - 1)^2}$$

$$= -\frac{2(x^2 - 3x + 1)}{(x^2 - 1)^2} \text{ 이므로 } f'(2) = \frac{2}{9}$$

$$\therefore \lim_{x \to 0} \frac{f(2 + 3x) - f(2 - 6x)}{x}$$

$$= \lim_{x \to 0} \left\{ \frac{f(2 + 3x) - f(2)}{3x} \cdot 3 - \frac{f(2 - 6x) - f(2)}{-6x} \cdot (-6) \right\}$$

$$= 9f'(2) = 9 \times \frac{2}{9} = 2$$

 **핵심예제 02**

(1) $u = 4 - x$ 로 놓으면 $y = \dfrac{1}{u^3} = u^{-3}$ 이므로

$\dfrac{dy}{du} = -\dfrac{3}{u^4}$ 이다.

또 $u = 4 - x$ 에서 $\dfrac{du}{dx} = -1$ 이므로

합성함수의 미분법에 의하여

$$\therefore \frac{dy}{dx} = \frac{dy}{du} \cdot \frac{du}{dx}$$

$$= -\frac{3}{u^4} \cdot (-1) = \frac{3}{(4 - x)^4}$$

(2) $y' = 3\left(\dfrac{x}{1+x^2}\right)^2 \cdot \dfrac{1+x^2-2x^2}{(1+x^2)^2}$

$= \dfrac{3x^2(1-x^2)}{(1+x^2)^4}$

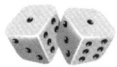 핵심예제 03

$f(x) = \sqrt[3]{\dfrac{x+1}{x+3}} = \left(\dfrac{x+1}{x+3}\right)^{\frac{1}{3}}$ 에서

$f'(x) = \dfrac{1}{3}\left(\dfrac{x+1}{x+3}\right)^{-\frac{2}{3}}\left(\dfrac{x+1}{x+3}\right)'$

$= \dfrac{1}{3} \cdot \dfrac{1}{\sqrt[3]{\left(\dfrac{x+1}{x+3}\right)^2}} \cdot \dfrac{x+3-(x+1)}{(x+3)^2}$

$= \dfrac{1}{3}\sqrt[3]{\left(\dfrac{x+3}{x+1}\right)^2} \cdot \dfrac{2}{(x+3)^2}$

$\therefore f'(-2) = \dfrac{1}{3} \cdot 1 \cdot 2 = \dfrac{2}{3}$

 핵심예제 04

한붓선생의 강의를 들으세요. 한붓선생의 강의는 ipTV 스마트교육방송에서 olleh kt ch.159, LG U+ ch.165, SK Btv ch.455를 통하여 시청할 수 있으며 www.iptvstudy.co.kr에서 녹화방송을 수 강할 수 있습니다.

Lec.28

핵심예제01 $a=-2$, $b=-5$

핵심예제02 $\dfrac{1}{3}$

핵심예제03 ③

핵심예제04 $\dfrac{1}{2}$

 핵심예제 01

x에 관하여 미분하면

$3x^2 + 3y^2 \cdot \dfrac{dy}{dx} + ay + ax \cdot \dfrac{dy}{dx} = 0$

$\therefore \dfrac{dy}{dx} = -\dfrac{ay+3x^2}{3y^2+ax}$

$\therefore \left[\dfrac{dy}{dx}\right]_{\substack{x=1 \\ y=2}} = -\dfrac{2a+3}{12+a} = \dfrac{1}{10}$

$\therefore a = -2$

또, 점 $(1, 2)$를 지나므로

$1+8-2\times2+b=0$

$\therefore b = -5$

 핵심예제 02

$y = x^2 + x - 2\,(x>0)$의 역함수는

$x = y^2 + y - 2\,(y>0)$이다.

y에 대하여 미분하면 $\dfrac{dx}{dy} = 2y+1$

$\therefore g'(x) = \dfrac{dy}{dx} = \dfrac{1}{\dfrac{dx}{dy}} = \dfrac{1}{2y+1}$

$g(x)$에서 $x=0$일 때, $y=1$이므로

$\therefore g'(0) = \left[\dfrac{dy}{dx}\right]_{y=1} = \dfrac{1}{3}$

핵심예제 03

$\dfrac{dx}{dt} = 3t^2$, $\dfrac{dy}{dt} = 4t$이므로

$\dfrac{dy}{dx} = \dfrac{\dfrac{dy}{dt}}{\dfrac{dx}{dt}} = \dfrac{4}{3t}$

한편, $x=8$이면 $t=2$이므로

$$f'(8) = \left[\frac{dy}{dx}\right]_{x=8} = \left[\frac{\dfrac{dy}{dt}}{\dfrac{dx}{dt}}\right]_{t=2} = \frac{2}{3}$$

$$\therefore \lim_{h \to 0} \frac{f(8+h) - f(8-h)}{h} = 2f'(8) = \frac{4}{3}$$

 핵심예제 04

$$\frac{dy}{dt} = 2t - 1, \ \frac{dx}{dt} = 2$$

$$\therefore \ \frac{dy}{dx} = \frac{\dfrac{dy}{dt}}{\dfrac{dx}{dt}} = \frac{2t-1}{2} = t - \frac{1}{2}$$

$$\therefore \ \frac{d}{dx}\left(\frac{dy}{dx}\right) = \frac{d}{dt}\left(\frac{dy}{dx}\right)\frac{dt}{dx}$$

$$= \frac{d}{dt}\left(\frac{dy}{dx}\right) \cdot \frac{1}{\dfrac{dx}{dt}}$$

$$= 1 \cdot \frac{1}{2} = \frac{1}{2}$$

Lec.29

핵심예제01
(1) $y' = \cos x + \sin x$

(2) $y' = \dfrac{-1}{(\sin x + \cos x)^2}$

핵심예제02
(1) $2\cos 2x$

(2) $-3\cos^2 x \sin x$

(3) $3\tan^2 x \sec^2 x$

(4) $-\sin^3 x + 2\cos^2 x \sin x$

핵심예제03 $\dfrac{1}{2}$

핵심예제04 (1) $\dfrac{1}{\sqrt{1-x^2}}$ (2) $-\tan\theta$

 핵심예제 01

(1) $y' = \cos x + \sin x$

(2)

$$y' = \frac{(\cos x)'(\sin x + \cos x) - \cos x(\sin x + \cos x)'}{(\sin x + \cos x)^2}$$

$$= \frac{-\sin x(\sin x + \cos x) - \cos x(\cos x - \sin x)}{(\sin x + \cos x)^2}$$

$$= \frac{-1}{(\sin x + \cos x)^2}$$

 핵심예제 02

(1) $y' = (\sin 2x)' = \cos 2x(2x)' = 2\cos 2x$

(2) $y' = (\cos^3 x)' = 3\cos^2 x \sin x$
$= -3\cos^2 x \sin x$

(3) $y' = 3\tan^2 x(\tan x)' = 3\tan^2 x \sec^2 x$

(4) $y' = (\cos x)' \sin^2 x + \cos x(\sin^2 x)$
$= -\sin x \sin^2 x + \cos x\{2\sin x(\sin x)'\}$
$= -\sin^3 x + 2\cos^2 x \sin x$

 핵심예제 03

$x = \tan y$

양변을 x로 미분하면 $1 = \sec^2 y \cdot \dfrac{dy}{dx}$

$$\therefore \ \frac{dy}{dx} = \frac{1}{\sec^2 y} = \frac{1}{1 + \tan^2 y} = \frac{1}{1 + x^2}$$

 핵심예제 04

(1) $\sin y = x$의 양변을 x에 관해서 미분하면

$$(\cos y)\frac{dy}{dx} = 1$$

$$\therefore \ \frac{dy}{dx} = \frac{1}{\cos y}$$

그런데 $\cos y = \sqrt{1 - \sin^2 y} = \sqrt{1 - x^2}$

$$\therefore \ \frac{dy}{dx} = \frac{1}{\sqrt{1 - x^2}}$$

(2) $x = a\cos^3\theta$ 에서 $\dfrac{dx}{d\theta} = -3a\cos^2\theta\sin\theta$,

$y = a\sin^3\theta$ 에서 $\dfrac{dy}{d\theta} = 3a\sin^2\theta\cos\theta$

$\therefore \dfrac{dy}{dx} = \dfrac{dy/d\theta}{dx/d\theta} = \dfrac{3a\sin^2\theta\cos\theta}{-3a\cos^2\theta\sin\theta} = -\tan\theta$

Lec.**30**

핵심예제01

(1) $e^{-ax}(b\cos bx - a\sin bx)$

(2) $y' = e^{\sin x} \cdot \cos x$

핵심예제02

(1) $\dfrac{2x}{x^2+4}$ (2) $\dfrac{2x}{x^2-1}$

(3) $\dfrac{-6}{(1-2x)\ln 3}$ (4) $e^x\{\ln(\sin x) + \cot x\}$

핵심예제03

(1) $\dfrac{(1-5x)(x+1)^2}{x^2(x-1)^3}$

(2) $x^{\sin x}\left(\cos x\ln x + \dfrac{1}{x}\sin x\right)$

핵심예제04 4

 **핵심예제 01**

(1) $y' = (e^{-ax})' \cdot \sin bx + e^{-ax} \cdot (\sin bx)'$

$\quad = -ae^{-ax}\sin bx + be^{-ax}\cos bx$

$\quad = e^{-ax}(b\cos bx - a\sin bx)$

(2) $y' = e^{\sin x} \cdot \cos x$

 **핵심예제 02**

(1) $y' = \dfrac{(x^2+4)'}{x^2+4} = \dfrac{2x}{x^2+4}$

(2) $y' = \dfrac{(x^2-1)'}{x^2-1} = \dfrac{2x}{x^2-1}$

(3) $y' = \dfrac{\{(1-2x)^3\}'}{(1-2x)^3\ln 3} = \dfrac{3(1-2x)^2(1-2x)'}{(1-2x)^3\ln 3}$

$\quad = \dfrac{3(1-2x)^2(-2)}{(1-2x)^3\ln 3} = \dfrac{-6}{(1-2x)\ln 3}$

(4) $y' = e^x\ln(\sin x) + e^x \cdot \dfrac{\cos x}{\sin x}$

$\quad = e^x\{\ln(\sin x) + \cot x\}$

 **핵심예제 03**

(1) $\ln|y| = 3\ln|x+1| - \ln|x| - 2\ln|x-1|$

$\therefore \dfrac{y'}{y} = \dfrac{3}{x+1} - \dfrac{1}{x} - \dfrac{2}{x-1} = \dfrac{1-5x}{x(x^2-1)}$

$\therefore y' = \dfrac{1-5x}{x(x^2-1)} \times \dfrac{(x+1)^3}{x(x-1)^2}$

$\quad = \dfrac{(1-5x)(x+1)^2}{x^2(x-1)^3}$

(2) $\ln y = \sin x\ln x$

$\therefore \dfrac{y'}{y} = \cos x\ln x + (\sin x) \cdot \dfrac{1}{x}$

$\therefore y' = x^{\sin x}\left(\cos x\ln x + \dfrac{1}{x}\sin x\right)$

핵심예제 04

한붓선생의 강의를 들으세요. 한붓선생의 강의는 ipTV 스마트교육방송에서 olleh kt ch.159, LG U+ ch.165, SK Btv ch.455를 통하여 시청할 수 있으며 www.iptvstudy.co.kr에서 녹화방송을 수 강할 수 있습니다.

Lec.31

핵심예제|01 $y = x + 1$

핵심예제|02 $y = 2x - 1 - \ln 2$

핵심예제|03 $1 - \ln 2$

핵심예제|04 $y = x - \dfrac{\pi}{2} + 2$

 **핵심예제 01**

$f'(x) = 3x^2 - 4x$ 이므로 곡선 위의 점 $(1, 2)$ 에서의 접선의 기울기는 $f'(1) = 3 - 4 = -1$ 곧, 접선에 수직인 직선(법선)의 기울기는 1 이다. 따라서 기울기가 1 이고 점 $(1, 2)$ 를 지나는 직선의 방정식은

$y = 1 \cdot (x - 1) + 2$ 에서 $y = x + 1$ 이다.

 **핵심예제 02**

접점의 x 좌표를 t 라고 하면

$y' = (\ln x)' = \dfrac{1}{x}$ 이므로 $[y']_{x=t} = \dfrac{1}{t} = 2$

$\therefore t = \dfrac{1}{2}$

$\therefore$ 접점의 좌표는 $\left(\dfrac{1}{2}, -\ln 2 \right)$

따라서 구하는 접선의 방정식은

$y + \ln 2 = 2\left(x - \dfrac{1}{2} \right)$

$\therefore y = 2x - 1 - \ln 2$

 **핵심예제 03**

접점을 (t, e^{t-k}) 로 놓으면 $y' = e^{x-k}$ 이므로 접선의 기울기는 $[y']_{x=t} = e^{t-k}$

따라서 접선의 방정식은

$y - e^{t-k} = e^{t-k}(x - t) \cdots$ ㉠

㉠이 원점을 지나므로

$-e^{t-k} = -t e^{t-k}$ 에서

$\therefore t = 1$

또, ㉠이 점 $(2, 4)$ 를 지나므로

$4 - e^{t-k} = e^{t-k}(2 - t)$ 이고,

$t = 1$ 을 대입하면 $4 - e^{1-k} = e^{1-k}$,

$e^{1-k} = 2$ 에서

$1 - k = \ln 2$ $\therefore 1 - \ln 2$

 **핵심예제 04**

$x = \theta - \sin\theta, \ y = 1 - \cos\theta$

$\dfrac{dy}{dx} = \dfrac{\sin\theta}{1 - \cos\theta}$

$\therefore$ (접선의 기울기)$= \dfrac{\sin\theta}{1 - \cos\theta}$

$\theta = \dfrac{\pi}{2}$ 일 때 곡선 위의 점은 $\left(\dfrac{\pi}{2} - 1, \ 1 \right)$

따라서 접선의 식은 $y = x - \dfrac{\pi}{2} + 2$

Lec.32

핵심예제|01 $\dfrac{\pi}{4}, \dfrac{5\pi}{4}$

핵심예제|02 $e - 1$

핵심예제|03 해설 참고

핵심예제|04 $a = 0, \ b = 1$

 **핵심예제 01**

한붓선생의 강의를 들으세요. 한붓선생의 강의는 ipTV 스마트교육방송에서 olleh kt ch.159, LG U+ ch.165, SK Btv ch.455를 통하여 시청할 수 있으며 www.iptvstudy.co.kr에서 녹화방송을 수 강할 수 있습니다.

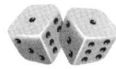

핵심예제 02

$f(x)$는 $[1, e]$에서 연속이고 $(1, e)$에서 미분가능하다.

따라서

$\dfrac{f(e)-f(1)}{e-1}=\dfrac{1-0}{e-1}=\dfrac{1}{e-1}$ 이고,

$f'(c)=\dfrac{1}{c}$ 인 바,

평균값의 정리에 의하면 $\dfrac{1}{e-1}=\dfrac{1}{c}$ 에서

$c=e-1$

핵심예제 03

$f(x)=\ln x$ 라 하면 $f(x)$는 $x>0$에서 미분 가능하고, 연속인 함수이다.

이는 $x>0$일 때 $f(x)$는 구간 $[x, x+1]$에서 연속이고, 구간 $(x, x+1)$에서 미분 가능함을 뜻한다. 따라서 평균값 정리에 의하여

$\dfrac{\ln(x+1)-\ln x}{(x+1)-x}=f'(c)$ 인 c가 (단,

$x<c<x+1$)가 존재한다.

그런데 $f'(x)=\dfrac{1}{x}$ 이므로 $f'(c)=\dfrac{1}{c}$ 이다.

곧, $\ln(x+1)-\ln x$의 범위가 $\dfrac{1}{c}$의 범위인

것이다. 따라서 $x<c<x+1$에서

$\dfrac{1}{x+1}<\dfrac{1}{c}<\dfrac{1}{x}$ 이다. $(\because x>0)$

$\therefore \dfrac{1}{x+1}<\ln(x+1)-\ln x<\dfrac{1}{x}$ $(\because x>0)$

핵심예제 04

$\dfrac{e^x-e^0}{x-0}=f'(c)=e^c$ 이므로 $e^x-1=e^c x$

양변에 자연로그를 취하면

$\ln\dfrac{e^x-1}{x}=c$ 이므로 $0<\ln\dfrac{e^x-1}{x}<x$

$(\because 0<c<x)$

양변에 $\dfrac{1}{x}$을 곱하면 $0<\dfrac{1}{x}\ln\dfrac{e^x-1}{x}<1$

주어진 식과 비교하면

$\therefore a=0, b=1$

Lec.33

핵심예제01 ⑤
핵심예제02 ⑤
핵심예제03 ③
핵심예제04 $\dfrac{1}{2}$

핵심예제 01

한붓선생의 강의를 들으세요. 한붓선생의 강의는 ipTV 스마트교육방송에서 olleh kt ch.159, LG U+ ch.165, SK Btv ch.455를 통하여 시청할 수 있으며 www.iptvstudy.co.kr에서 녹화방송을 수강할 수 있습니다.

핵심예제 02

$f(x)=x^3+ax^2-x+1$ 에서

$f'(x)=3x^2+2ax-1$ 이므로 $f'(1)=2+2a$

이 때, $a=-8, -6, -4, -2$ 이면

$f'(1)<0$ 이고, $a=0$ 이면 $f'(1)>0$ 이다.

따라서 a의 값이 될 수 있는 것은 ⑤이다.

핵심예제 03

임의의 두 실수 x_1, x_2에 대하여 $x_1>x_2$인 경우 항상 $f(x_1)<f(x_2)$ 이기 위해선 주어진 함수식이 항상 감소함수이어야 하므로

$f'(x) = -3x^2 + 2kx + k$ 에서

$\therefore \dfrac{\mathrm{D}}{4} = k^2 + 3k \le 0$

곧 $k(k+3) \le 0$ 에서 $\therefore -3 \le k \le 0$

따라서 k의 최댓값은 0이 된다.

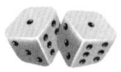 **핵심예제 04**

$f(x) = ax + \ln(x^2 + 4)$ 에서

$f'(x) = a + \dfrac{2x}{x^2 + 4} = \dfrac{ax^2 + 2x + 4a}{x^2 + 4}$

$f'(x) \ge 0$ 이려면 $x^2 + 4 > 0$ 이므로

$ax^2 + 2x + 4a \ge 0$ 이어야 한다.

$\therefore a > 0$ 이고 $\mathrm{D} \le 0$

$\mathrm{D}/4 = 1 - 4a^2 \le 0$ 에서

$(2a-1)(2a+1) \ge 0$ 이고,

$\therefore a \le -\dfrac{1}{2}, \ a \ge \dfrac{1}{2}$

따라서 $a \ge \dfrac{1}{2}$ 이고 a의 최솟값은 $\dfrac{1}{2}$

Lec.34

 **핵심예제 01**

한붓선생의 강의를 들으세요. 한붓선생의 강의는 ipTV 스마트교육방송에서 olleh kt ch.159, LG U+ ch.165, SK Btv ch.455를 통하여 시청할 수 있으며 www.iptvstudy.co.kr에서 녹화방송을 수강할 수 있습니다.

 **핵심예제 02**

$f'(x) = 3x^2 - 2kx - k^2 = 0$ 의 한 근이 -2와 2 사이에 있고, 다른 한 근이 2보다 커야 하므로

$f'(-2) > 0, \ f'(2) < 0$ 이어야 한다.

$f'(-2) = 12 + 4k - k^2 < 0$ 에서

$k^2 - 4k - 12 = (k+2)(k-6) < 0$

따라서 $-2 < k < 6$ $\cdots$ ①

또, $f'(2) = 12 - 4k - k^2 < 0$ 에서

$k^2 + 4k - 12 = (k-2)(k+6) > 0$

따라서 $k < -6, \ k > 2$ $\cdots$ ②

①, ②에서 $2 < k < 6$

 **핵심예제 03**

$f'(x) = 3x^2 - 3(a-1)x - 3a$

극값을 갖지 않으므로 $f'(x) = 0$ 이 서로 다른 두 실근을 갖지 않는다.

따라서 이차방정식 $f'(x) = 0$ 이 중근 또는 서로 다른 두 허근을 갖는다.

즉, $\mathrm{D} \le 0$

$\mathrm{D} = 9(a-1)^2 + 36a \le 0, \ 9(a+1)^2 \le 0$

$\therefore a = -1$

 **핵심예제 04**

$f(x)$ 가 극값을 갖지 않으려면 항상 증가함수이거나 항상 감소함수이어야 한다.

(i) $f(x)$ 가 $(-\infty, \infty)$ 에서 증가함수일 때,

$f'(x) = a + \cos x \ge 0$ 이 항상 성립해야 한다. 그런데 $-1 \le \cos x \le 1$

이 때, $(f'(x)$의 최솟값$) = a - 1 \ge 0$

$\therefore a \ge 1$

(ii) $f(x)$ 가 $(-\infty, \infty)$ 에서 감소함수일 때,

$f'(x) = a + \cos x \le 0$ 이 항상 성립해야 한다.

이 때, $(f'(x)$의 최댓값$) = a + 1 \le 0$

$\therefore a \le -1$

(i), (ii)에서 $a \le -1$ 또는 $a \ge 1$

Lec.35

 **핵심예제 01**

$y' = \ln x + x \cdot \dfrac{1}{x} - 2 = \ln x - 1$

$y' = 0$에서 $x = e$

$f(1) = -2$, $f(e) = -e$, $f(e^2) = 0$ 이므로

$x = e$일 때 최솟값 $-e$, $x = e^2$일 때 최댓값 0

 **핵심예제 02**

$f'(x) = a(1 - 2\cos 2x) = 0$ 에서

$x = \dfrac{\pi}{6}$, $a > 0$ 이므로

x	0	$\cdots$	$\dfrac{\pi}{6}$	$\cdots$	$\dfrac{\pi}{2}$
$f'(x)$		$-$	0	$+$	
$f(x)$	0	$\searrow$	극소(최소)	$\nearrow$	$\dfrac{\pi}{2}a$

최댓값은 $f\left(\dfrac{\pi}{2}\right) = \dfrac{\pi}{2}a = \pi$ $\therefore a = 2$

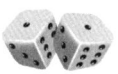 **핵심예제 03**

$y = f'(x)$의 그래프로부터 $f(x)$의 증감표는 다음과 같다.

x	-2	$\cdots$	0	$\cdots$	2
$f'(x)$		$+$	0	$-$	0	$+$
$f(x)$		$\nearrow$	극대	$\searrow$	극소	$\nearrow$

따라서 구간 $[-2, 2]$에서 $x = 0$일 때, $f(x)$는 극대인 동시에 최대이다.

즉, 구간 $[-2, 2]$에서 $f(x)$의 최댓값은 $f(0)$이다.

 **핵심예제 04**

직원기둥의 반지름을 x, 부피를 V 라 하고 삼각형의 닮음을 이용하면 원뿔의 꼭짓점에서 원기둥 윗면의 중심까지 길이는 $2x$이다. 아래 그림에서

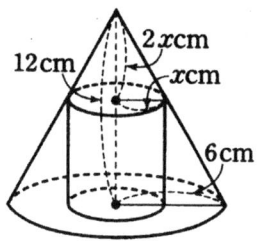

$V = \pi x^2(12 - 2x)$ (단, $0 < x < 6$)이므로

$V' = -6\pi x(x - 4) = 0$

$\therefore x = 0$ 또는 $x = 4$

증감표를 만들면 다음과 같다.

x	0	$\cdots$	4	$\cdots$	6
V'	0	$+$	0	$-$	$-$
V	0	$\nearrow$	64π	$\searrow$	0

즉, $x = 4$에서 극대이면서 최댓값을 갖는다.

따라서 부피의 최댓값은 $64\pi \mathrm{cm}^3$이다.

Lec.36

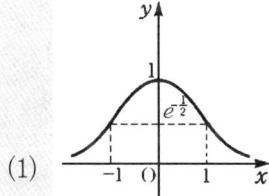

(1)

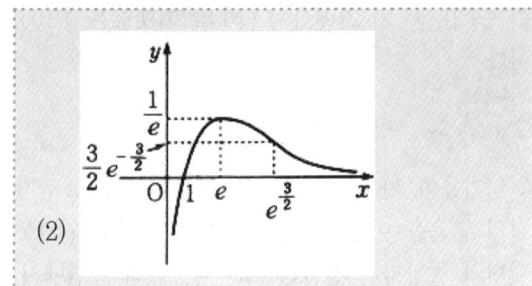

(2)

(iii) $f'(\theta) = \dfrac{f(\pi) - f(0)}{\pi - 0}$　$(0 < \theta < \pi)$에서

$$1 + \cos\theta = \dfrac{\pi}{\pi} = 1$$

$$\therefore \cos\theta = 0 \text{에서 } \theta = \dfrac{\pi}{2}$$

 **핵심예제 01**

$y = \dfrac{\ln x}{x}$에서 $y' = \dfrac{1 - \ln x}{x^2}$,

$y'' = \dfrac{2\ln x - 3}{x^3}$ 이다.

$y'' = 0$에서 $x = e^{\frac{3}{2}}$

$x < e^{\frac{3}{2}}$이면 $y'' < 0$, $x > e^{\frac{3}{2}}$이면
$y'' > 0$ 이므로

변곡점의 좌표는 $\left(e^{\frac{3}{2}},\ \dfrac{3}{2}e^{-\frac{3}{2}} \right)$이다.

 **핵심예제 02**

$y' = 2x + a\cos x$

$y'' = 2 - a\sin x \neq 0$에서 $\sin x \neq \dfrac{2}{a}$

즉, $\left| \dfrac{2}{a} \right| \geq 1$ 에서 $|a| \leq 2$

$\therefore a = -2,\ -1, 0,\ 1,\ 2$

 **핵심예제 03**

(i) $f'(x) = 1 + \cos x \geq 0$
　　(단, $0 \leq x \leq 2\pi$) $f(x)$는
　　단조증가함수이므로 극값은 없고 최댓값은
　　$f(2\pi) = 2\pi$, 최솟값은 $f(0) = 0$ 이다.
(ii) $f''(x) = -\sin x = 0$에서 $x = \pi$
　　따라서 변곡점은 (π, π)

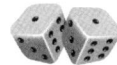 **핵심예제 04**

(1) $y = e^{-\frac{x^2}{2}}$, $y' = -xe^{-\frac{x^2}{2}} = 0$에서 $x = 0$

　또, $y'' = (x^2 - 1)e^{-\frac{x^2}{2}} = 0$에서 $x = \pm 1$

x	$\cdots$	-1	$\cdots$	0	$\cdots$	1	$\cdots$
y'	$+$	$+$	$+$	0	$-$	$-$	$-$
y''	$+$	0	$-$	$-$	$-$	0	$+$
y	↗	$e^{-\frac{1}{2}}$	↗	1	↘	$e^{-\frac{1}{2}}$	↘

$\lim\limits_{x \to \infty} y = 0$, $\lim\limits_{x \to -\infty} y = 0$

따라서 그래프는 아래와 같다.

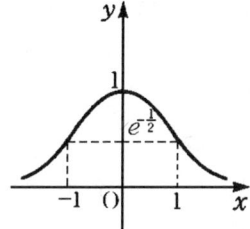

(2) $\ln x$ 에서 $x > 0$

　$f(x) = 0$ 에서 $\ln x = 0$ $\therefore x = 1$

　$f'(x) = \dfrac{1 - \ln x}{x^2} = 0$ 에서 $\ln x = 1$

　$\therefore x = e$

　$f''(x) = \dfrac{2\ln x - 3}{x^3} = 0$ 에서 $2\ln x = 3$

　$\therefore x = e^{\frac{3}{2}}$

x	(0)	$\cdots$	e	$\cdots$	$e^{\frac{3}{2}}$	$\cdots$
$f'(x)$		$+$	0	$-$	$-$	$-$
$f''(x)$		$-$	$-$	$-$	0	$+$
$f(x)$		$\nearrow$	$\dfrac{1}{e}$	$\searrow$	$\dfrac{3}{2}e^{-\frac{3}{2}}$	$\searrow$

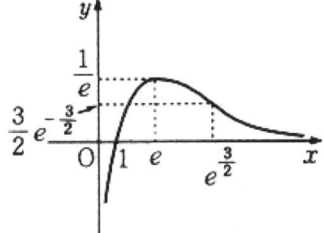

$\lim\limits_{x \to \infty} f(x) = 0$, $\lim\limits_{x \to 0} f(x) = -\infty$ 이므로 함수

$y = \dfrac{\ln x}{x}$ 의 그래프는 위 그림과 같다.

Lec.37

 **핵심예제 01**

$f(x) = 2x^3 - 9x^2 + 12x + p$ 라고 하면
$f'(x) = 6(x-1)(x-2)$ 에서
극댓값 $f(1) = 5 + p$, 극솟값 $f(2) = 4 + p$
(1) $(p+4)(p+6) < 0$ 에서
$-5 < p < -4$
(2) $(p+4)(p+5) = 0$ 에서

$p = -4$ 또는 $p = -5$
(3) $(p+4)(p+5) > 0$ 에서
$p < -5$ 또는 $p > -4$

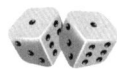 **핵심예제 02**

$a = -2x^3 + 3x^2 + 12x$ 에서
$f(x) = -2x^3 + 3x^2 + 12x$, $y = a$ 로 놓고
두 그래프의 교점을 조사한다.
$f'(x) = -6x^2 + 6x + 12 = -6(x+1)(x-2)$
$f'(x) = 0$ 에서 $x = -1, 2$의 증감표를
작성하면 극댓값 $f(2) = 20$,
극솟값 $f(-1) = -7$ 이고
$x = 0$일 때, $y = 0$이므로
$f(x)$의 그래프는 아래 그림과 같다.

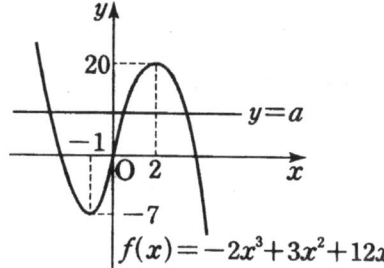

방정식이 한 개의 음 근과 두 개의 양 근을
가지려면 위 그림과 같이 $y = f(x)$의 그래프와
$y = a$의 그래프가 y축 오른쪽에서 두 점, y축
왼쪽에서 한 점과 만나도록 해야 한다.
$\therefore 0 < a < 20$

 **핵심예제 03**

$f(x) = x - 3\ln x$ 라 놓으면,
$f'(x) = 1 - \dfrac{3}{x} = \dfrac{x-3}{x}$ 이므로,
$f(x)$의 증가, 감소를 조사하면 다음 표와
같다.

x	$\cdots$	3	$\cdots$
$f'(x)$	$-$	0	$+$
$f(x)$	$\searrow$	극소	$\nearrow$

함수 $f(x)$는 구간 $(1,3)$에서 감소, 구간 $(3,\infty)$에서 증가한다.

$f(1)=1>0$, $f(3)=3(1-\ln 3)<0$,

$f(e^2)=e^2-6>0$ 이므로

구하는 실근은 1과 3 사이에 1개, 3과 e^2사이에 1개 있다.

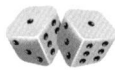 **핵심예제 04**

$\ln x = kx^2$에서 $\begin{cases} y=\ln x \cdots \text{①} \\ y=kx^2 \cdots \text{②} \end{cases}$ 가

서로 다른 두 점에서 만나면 된다.

①, ②가 접할 때, $x=\alpha$에서 접한다면

$\begin{cases} \ln \alpha = k\alpha^2 \\ \dfrac{1}{\alpha}=2k\alpha \end{cases}$

$\therefore \alpha=e^{\frac{1}{2}}$, $k=\dfrac{1}{2e}$

따라서 구하는 k는 범위는 $0<k<\dfrac{1}{2e}$

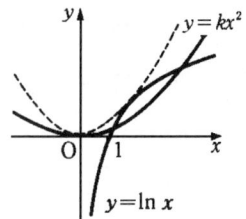

 **핵심예제 01**

$f(x) \geq g(x)$ 에서 $f(x)-g(x) \geq 0$ 이므로

$f(x)-g(x)$의 최솟값이 0 이상임을 보이면 된다.

$F(x)=f(x)-g(x)$로 놓으면

$F(x)=x^3+x^2-2x-(x^2+x+k)$

$\quad =x^3-3x-k$

$F'(x)=3x^2-3=3(x+1)(x-1)$

$F'(x)=0$에서 $x=-1,\ 1$

따라서 증감표를 작성하면

$x=1$에서 $F(x)$가 극소이고 최소이므로

$F(1)=-2-k \geq 0$

즉, $k \leq -2$ 이므로 k의 최댓값은 -2이다

 **핵심예제 02**

$f(x)=x-\ln(1+x)$ 라 놓으면,

구간 $(0,\infty)$에서

$f'(x)=1-\dfrac{1}{1+x}=\dfrac{x}{1+x}>0$

그러므로 $f(x)$는 $(0,\infty)$에서 증가한다.

따라서 $x>0$ 이면 $f(x)>f(0)=0$

$\therefore x>\ln(1+x)$

 **핵심예제 03**

$f(x)=\sin 2x+2\sin x$ 라 놓으면

$f(x)$는 주기 2π

인 주기함수이므로 구간 $[0,\ 2\pi]$에서만 생각해도 된다.

$f'(x)=2\cos 2x+2\cos x$

$\quad =2(2\cos x-1)(\cos x+1)=0$ 에서

$\therefore x=\dfrac{\pi}{3},\ \dfrac{5\pi}{3},\ \pi$

Lec.38

핵심예제01 -2
핵심예제02 풀이참고
핵심예제03 ②
핵심예제04 -12

x	0	$\cdots$	$\dfrac{\pi}{3}$	$\cdots$	π	$\cdots$	$\dfrac{5}{3}\pi$	$\cdots$	2π
$f'(x)$		$+$	0	$-$	0	$-$	0	$+$	
$f(x)$	0	$\nearrow$	극대	$\searrow$	변곡	$\searrow$	극소	$\nearrow$	0

$\therefore f(x)$ 의 최댓값은 $x=\dfrac{\pi}{3}$ 일 때 $\dfrac{3\sqrt{3}}{2}$

$\therefore a \geq \dfrac{3\sqrt{3}}{2}$

 **핵심예제 04**

한붓선생의 강의를 들으세요. 한붓선생의 강의는 ipTV 스마트교육방송에서 olleh kt ch.159, LG U+ ch.165, SK Btv ch.455를 통하여 시청할 수 있으며 www.iptvstudy.co.kr에서 녹화방송을 수강할 수 있습니다.

Lec.39

핵심예제01 (1) 63 (2) 3
핵심예제02 (1) 2 초 (2) $-10\,(\text{m/초}^2)$
핵심예제03 (1) $4.9(\text{m/초})$ (2) 2.5 초
핵심예제04 ⑤
핵심예제05 (1) $\dfrac{5}{6}\text{m/s}$ (2) $\dfrac{1}{3}\text{m/s}$
핵심예제06 ④

 **핵심예제 01**

(1) $x=f(t)$ 라 하면 시각 t에서의 속도 $v(t)$는
$$v(t)=\frac{d}{dt}f(t)=3t^2-6t-9\text{이므로}$$
$t=6$에서의 속도는
$$v(6)=3\cdot 6^2-6\cdot 6-9=63$$
(2) 운동방향을 바꾸는 순간은 속도가 0이므로

$v(t)=0$에서
$$v(t)=3(t+1)(t-3)=0$$
$$\therefore t=3\ (\because t>0)$$
$t>3$이면 $v(t)>0$, $t<3$이면 $v(t)<0$이므로
$t=3$ (초)를 경계로 운동 방향이 바뀌게 된다.

 **핵심예제 02**

(1) 기차가 정지할 때까지 걸린 시간을 t라 하면 $v(t)=0$이므로
$$20-10t=0\ \therefore t=2\ (\text{초})$$
(2) 가속도 $a(t)$는 속도 $v(t)$의 도함수이므로
$$a(t)=v'(t)=-10(\text{m/초}^2)$$

 **핵심예제 03**

$h=f(t)$라 하면 시각 t에서의 속도 $v(t)$는
$$v(t)=f'(t)=24.5-9.8t$$
(1) 2초 후 야구공의 속도는
$$v(2)=f'(2)=24.5-9.8\times 2=4.9(\text{m/초})$$
(2) 최고점에 도달하면 물체의 속도가 0이므로 $v(t)=0$에서 $24.5-9.8t=0$이고,
$$\therefore t=\frac{24.5}{9.8}=2.5\ (\text{초})$$
따라서 최고점에 도달하는 데 걸리는 시간은 2.5초이다.

 **핵심예제 04**

t초 후의 높이가 $h=30t-5t^2$이고, $h=0$일 때 지상에 도달하므로
$$h=30t-5t^2=-5t(t-6)=0\text{에서}$$
$$\therefore t=0,\ 6$$
따라서 땅에 떨어지는 시각은 $t=6$ (초 후)이므로

속도 $v = \dfrac{dh}{dt} = 30 - 10t$

$\therefore v = \left[\dfrac{dh}{dt}\right]_{t=6} = 30 - 10 \cdot 6 = -30(\text{m/초})$

 핵심예제 05

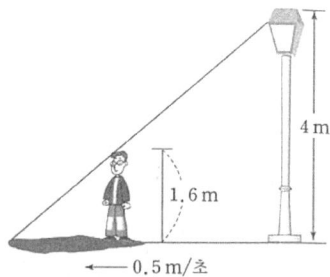

4 m

1.6 m

← 0.5 m/초

풀이1)

우선, t초 후의 가로등으로부터 사람까지의
거리를 $f(t)$, 그림자의 길이를 $g(t)$라 하자.
(∵ 가로등으로부터 사람까지의 거리, 그림자의
길이 모두 시간에 관한 함수)
그러면, 문제에서 제시된 0.5m/s의 속력은
$f(t)$의 변화율 곧, $f'(t)$를 뜻하게 된다.
또, 문항 (1)의 그림자 끝의 속력은
$f(t) + g(t)$의 변화율, 곧
$\{f(t) + g(t)\}' = f'(t) + g'(t)$ 이고
문항 (2)의 그림자 길이의 변화율은 $g'(t)$이다.
$4 : \{f(t) + g(t)\} = 1.6 : g(t)$ 에서
$\therefore 1.6 f(t) = 2.4 g(t)$ ······ ㉠
이제, 위 ㉠의 양변을 t에 관해 미분하면
$1.6 f'(t) = 2.4 g'(t)$ 이고
여기서, $f'(t) = 0.5$를 대입하면
$\therefore g'(t) = \dfrac{1.6 \times 0.5}{2.4} = \dfrac{1}{3}$
따라서 그림자의 길이의 증가속도는
$\dfrac{1}{3}$m/s 이다.
또, 그림자 끝의 속력은
$f'(t) + g'(t) = \dfrac{1}{2} + \dfrac{1}{3} = \dfrac{5}{6}$m/s 이다.

풀이2)

t초 후의 가로등으로부터 사람까지의
거리를 $f(t)$는 $0.5t$이므로
위 解1)의 ㉠에
대입하면 $1.6 \times 0.5t = 2.4 g(t)$에서
$\therefore g(t) = \dfrac{1.6 \times 0.5t}{2.4} = \dfrac{1}{3}t$
$\therefore$ 그림자 길이의 변화율 $g'(t) = \dfrac{1}{3}$m/s
또, $f(t) + g(t) = \dfrac{1}{2}t + \dfrac{1}{3}t = \dfrac{5}{6}t$ 에서
$\therefore$ 그림자 끝의 속력 $f'(t) + g'(t) = \dfrac{5}{6}$m/s

 핵심예제 06

t초 후의 반지름의 길이는 $10 + 0.2t$,
반지름이 r인 구의 겉넓이 S는 $S = 4\pi r^2$이고
$r = 10 + 0.2t$이므로 $S = 4\pi(10 + 0.2t)^2$이다.
$\therefore \dfrac{dS}{dt} = 8\pi(10 + 0.2t) \times 0.2$
따라서 구하는 5초 후의 겉넓이의 변화율은
$\left[\dfrac{dS}{dt}\right]_{t=5} = 8\pi(10 + 0.2 \times 5) \times 0.2 = 17.6\pi$

Lec.40

핵심예제01
속력 : $2\sqrt{34}$, 가속도의 크기 : 6
핵심예제02
(1) $(-4\sin t,\ 2\cos t)$
(2) $(-4\cos t,\ -2\sin t)$
(3) $\sqrt{13}$
(4) $\sqrt{7}$
핵심예제03 ②
핵심예제04 ①
핵심예제05 r

 **핵심예제 01**

$\dfrac{dx}{dt} = 10,\ \dfrac{dy}{dt} = 6 - 6t$ 이므로

$t = 2$ 일 때 $\vec{v} = (10,\ -6)$

$\therefore\ |\vec{v}| = 2\sqrt{34}$

$\dfrac{d^2x}{dt^2} = 0,\ \dfrac{d^2y}{dt^2} = -6$ 이므로

$t = 2$ 일 때 $\vec{a} = (0,\ -6)$

$\therefore\ |\vec{a}| = 6$

$\therefore$ 속력 : $2\sqrt{34}$, 가속도의 크기 : 6

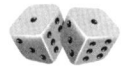 **핵심예제 02**

한붓선생의 강의를 들으세요. 한붓선생의 강의는 ipTV 스마트교육방송에서 olleh kt ch.159, LG U+ ch.165, SK Btv ch.455를 통하여 시청할 수 있으며 www.iptvstudy.co.kr에서 녹화방송을 수강할 수 있습니다.

 **핵심예제 03**

한붓선생의 강의를 들으세요. 한붓선생의 강의는 ipTV 스마트교육방송에서 olleh kt ch.159, LG U+ ch.165, SK Btv ch.455를 통하여 시청할 수 있으며 www.iptvstudy.co.kr에서 녹화방송을 수강할 수 있습니다.

 **핵심예제 04**

한붓선생의 강의를 들으세요. 한붓선생의 강의는 ipTV 스마트교육방송에서 olleh kt ch.159, LG U+ ch.165, SK Btv ch.455를 통하여 시청할 수 있으며 www.iptvstudy.co.kr에서 녹화방송을 수

강할 수 있습니다.

 **핵심예제 05**

$\dfrac{dx}{dt} = r(1 - \cos t),\ \dfrac{d^2x}{dt^2} = r\sin t$

$\dfrac{dy}{dt} = r\sin t,\ \dfrac{d^2x}{dt^2} = r\cos t$

따라서 가속도 $\vec{a} = (r\sin t,\ r\cos t)$

가속도의 크기 $|\vec{a}| = \sqrt{r^2\sin^2 t + r^2\cos^2 t} = r$

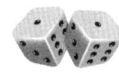 **핵심예제 06**

$x = a(t - \sin t),\ y = a(1 - \cos t)\ (a > 0)$

$|\vec{v}| = \sqrt{{v_x}^2 + {v_y}^2} = \sqrt{\left(\dfrac{dx}{dt}\right)^2 + \left(\dfrac{dy}{dt}\right)^2}$

$= \sqrt{a^2(1 - \cos t)^2 + a^2\sin^2 t} = a\sqrt{2 - 2\cos t}$

따라서 $\cos t = -1$ 일 때 v 는 최댓값 $2a$ 를 갖고 그 때 P의 위치는 $(a\pi,\ 2a)$ 이다.

iBS 교육방송 수학 2

초판인쇄일 | 2014년 1월 20일
1쇄발행일 | 2014년 1월 25일

지 은 이 | 이경우
펴 낸 이 | 이용배
책임감수 | IPTV교육방송 편성위원장(김성태)
감   수 | 이경우, 김서진, 김진호, 김현진,
　　　　　　박은하, 박황민, 신은정, 이기홍,
　　　　　　이원광, 이정봉, 이종석, 이종헌,
　　　　　　정진경, 조동영

펴 낸 곳 | IPTV교육방송(강남스터디)
디 자 인 | 박수정, 김화현
제   작 | 송재호
홍   보 | 권재흥
문   의 | http://iptvstudy.co.kr(IPTV교육방송)
상   담 | 강남스터디 02) 515-0058

총   판 | 가나북스 www.gnbooks.co.kr
전   화 | 031) 408-8811(代)
팩   스 | 031) 501-8811